Guntram Riecken

Die Halligen im Wandel

Herausgegeben vom Institut für Regionale Forschung
und Information im Deutschen Grenzverein e. V.

Husum

Umschlagbild: U. Cramer, Kiel
„Landunter" auf Hallig Hooge nach der November-Sturmflut 1981
(Freigegeben unter der Nr. SH 96-4644)

CIP-Kurztitelaufnahme der Deutschen Bibliothek

Riecken, Guntram:
Die Halligen im Wandel / Guntram Riecken.
Hrsg. vom Inst. für Regionale Forschung u.
Information im Dt. Grenzverein e. V. — 2. Aufl. —
Husum : Husum Druck- und Verlagsges., 1985.
  ISBN 3-88042-164-1

2. Auflage 1985
© 1982 by Husum Druck- und Verlagsgesellschaft mbH u. Co. KG,
  Husum
Kartografie und Grafiken: Hans Clausen, Flensburg
Satz: Fotosatz Husum GmbH
Druck und Verarbeitung: Husum Druck- und Verlagsgesellschaft,
Postfach 1480, D-2250 Husum
ISBN 3-88042-164-1

Geleitworte

Die 1. Auflage dieses Buches hat nicht nur in Fachkreisen große Verbreitung gefunden, sondern ist auch bei Feriengästen auf großes Interesse gestoßen; innerhalb kurzer Zeit war die 1. Auflage in Höhe von 3000 Exemplaren völlig vergriffen. Weitere Nachfragen aus Schleswig-Holstein und dem gesamten Bundesgebiet haben dem Institut für Regionale Forschung und Information im Deutschen Grenzverein den Entschluß leicht gemacht, diese Publikation, die einen umfassenden und klaren Überblick über die vielschichtigen Hallig-Probleme gibt, neu aufzulegen.

Unser Buch „Die Halligen im Wandel" erscheint im wesentlichen in unveränderter Form, da die zugrunde gelegten Daten und die getroffenen Aussagen auch heute noch unvermindert Gültigkeit und Aktualität besitzen. Geringfügige Veränderungen im Wirtschafts- und Sozialgefüge, die vor allem auf Langeneß sichtbar werden, bestätigen die in der abschließenden Betrachtung des Buches enthaltenen Prognosen sowie Überlegungen zur künftigen wirtschaftlichen Entwicklung in vollem Umfang: Dem sich fortsetzenden Rückgang der Halliglandwirtschaft muß mit neuen Entwicklungskonzepten begegnet werden — insbesondere auch im Hinblick auf den für die Halligen so überaus wichtigen Fremdenverkehrssektor.

Wir hoffen, daß auch diese Auflage dazu beiträgt, in weiten Bevölkerungskreisen das Interesse an dieser einzigartigen „Hallig-Welt" zu wecken.

Die Schrift möge aber auch zum Verständnis für die Bedeutung der Halligen als Wellenbrecher vor unserer Westküste beitragen.

Flensburg, im Juni 1985

Dr. Armin Schütz
Direktor des Instituts für
Regionale Forschung und Information

Die vor der schleswig-holsteinischen Westküste gelegenen Halligen — schwimmende Träume, wie sie Theodor Storm einst schwärmerisch beschrieb — liegen inmitten einer der beeindruckendsten und urtümlichsten Naturlandschaften. Verlag und Verfasser des Buches „Halligen im Wandel" danke ich für ihr verdienstvolles Bemühen, Entstehung, Entwicklung und Bedeutung der Halligwelt für Mensch und Natur einer aufmerksamen und interessierten Leserschaft aufzuzeigen.

Die Halligen stellen in Deutschland eine einmalige Kulturlandschaft dar. Als Bollwerke vor der Festlandküste stabilisieren sie zusammen mit den Nordsee-Inseln den stets erosionsgefährdeten Wattensockel, der für den flächenhaften Küstenschutz von unschätzbarer Bedeutung ist. Deshalb erfüllen die auf diesen „Außenposten" lebenden Menschen, die für den Erhalt der Halligen sorgen, wichtige Küstenschutzfunktionen. Diesem Sachverhalt haben die Halligsanierungsprogramme sowie weitere Förderungsmaßnahmen von Kreis, Land und Bund stets Rechnung getragen. Auch in einem „Nationalpark Schleswig-Holsteinisches Wattenmeer" wird der Küstenschutz vorrangiges Ziel der Landesregierung sein, da die Gewährleistung der Sicherheit der hinter den Deichen lebenden Menschen für das Land Schleswig-Holstein gestern, heute und morgen eine moralische und politische Verpflichtung darstellt. Zu dieser Aufgabe gehören in ganz besonderer Weise die Halligen.

Auf der Grundlage der in diesem Buch enthaltenen Daten, Analysen und Aussagen zur wirtschaftlichen Entwicklung der Halligen entwickelt die Landesregierung in jüngster Zeit einen neuen Halligplan, der sicherlich geeignet sein wird, die strukturellen Probleme lösen zu helfen.

Die Halliglandwirtschaft muß auch weiterhin neben der eigentlichen Nutzung des Bodens wichtige Aufgaben für den Naturschutz wahrnehmen. Damit betreibt diese zugleich aktive Landschaftspflege und erfüllt damit Aufgaben für den gesamten nordfriesischen Raum. Sie schafft hierdurch auch die Voraussetzungen für den sich steigernden Fremdenverkehr, als eine der wichtigsten Säulen für die wirtschaftliche Existenz der Halligbewohner. Es ist meine feste Überzeugung, daß dieser für die Halligen heute schon so bedeutungsvolle Wirtschaftszweig nicht zuletzt durch die Einrichtung des „Nationalparks Schleswig-Holsteinisches Wattenmeer" neue und auch notwendige Impulse erfahren und damit seine Rolle als herausragende Erwerbsgrundlage auf den Halligen festigen wird. Eine Erweiterung der wirtschaftlichen Entfaltungsmöglichkeiten ist damit gesichert.

Ich freue mich ganz besonders, daß mit diesem Buch der Gedanke an die Halligen als wirtschaftlich intakte Wellenbrecher und als besonders reizvolle Landschaft breiten Bevölkerungsschichten vermittelt werden kann. Die Erhaltung und Förderung der Halligen ist auch in Zukunft eine Aufgabe des gesamten Landes Schleswig-Holstein. Dies ist eine selbstverständliche Pflicht, der sich meine Regierung gerne unterziehen wird.

Kiel, im Juni 1985

Dr. Uwe Barschel
Ministerpräsident
des Landes Schleswig-Holstein

Die Notwendigkeit, bereits jetzt eine 2. Auflage des Buches herauszugeben, beweist die Aktualität des gebotenen Stoffes und das breite Interesse von Lesern.

Nicht nur an der Halligwelt und am Wattenmeer Interessierte, sondern auch Behörden mit ihren Mitarbeitern, welche sich fachlich-sachlich um die Geschicke der Halligwelt zu kümmern haben, konnten dieses Buch für die aktuellen Überlegungen gut gebrauchen und nehmen es oft zur Hand.

Das Buch endet mit einem Ausblick am Beginn der 80er Jahre. Inzwischen ist die Mitte der 80er Jahre eingetreten und naturgemäß haben sich die Aufgaben und die Lebenssituation der Menschen in der Welt der Halligen weiterentwickelt.

Ein Halligprogramm wird erörtert, um dem zu dienen, was schon in diesem Buche als Problem für die Existenz der Halligmenschen in ihrer Welt aufgezeigt wird. Das Programm wird den Halligmenschen hoffentlich eine Festigung für ihre Lebensgrundlagen auf weitere Zukunft ermöglichen. Man wird die Existenz der Menschen auf den Halligen auf drei Füße stellen; die Landwirtschaft wird weiterhin eine notwendige Voraussetzung nicht nur für Bauern auf den Halligen, sondern für die Existenz der Halligen im Wattenmeer und gegenüber den Gewalten der Nordsee bedeuten. Sie alleine wird in den meisten Fällen nicht zur Existenzgrundlage ausreichen, so daß der Fremdenverkehr – hier nicht der Tagestourismus, sondern das zu verbessernde Angebot für Feriengäste gefördert werden muß. Schließlich sollen vermehrt Arbeitsplätze für Dienstleistungen, die überwiegend in der Aufgabe des Küsten- und Wattenmeerschutzes liegen, von zuständigen Behörden angeboten werden. Die Halligen müssen im Besitz ihrer Bewohner und Nachkommen bleiben.

Husum, im Juni 1985

Dr. Klaus Petersen
Landrat
des Kreises Nordfriesland

Die große Nachfrage macht es zwingend notwendig, die Arbeit von Guntram Riecken „Die Halligen im Wandel" in einer zweiten Auflage erscheinen zu lassen. Diese Tatsache spricht nicht nur für die umfassende und sicher sehr gelungene Darstellung der Hallig-Probleme, sondern ist zugleich ein Beweis für das rege Interesse, das die Halligen bei einer großen Zahl von Menschen gefunden haben. Aktueller Anlaß hierfür mag im Augenblick auch die vielschichtig geführte Diskussion um die Einordnung dieser Eilande in den geplanten Nationalpark Wattenmeer sein. Viel wichtiger dürfte aber die nunmehr doch allgemein gewordene Erkenntnis sein, daß die Halligen natürliche Bollwerke vor der Küste gegen die ewig anbrandende Nordsee sind und damit wesentlich zur Sicherheit des Festlandes beitragen.

Aus diesem Grunde gilt es, das Leben auf den Halligen auf feste und sichere Grundlagen zu stellen. Nur so sind die Bemühungen – besonders seit der Mitte unseres Jahrhunderts – zu verstehen, die Entwicklung der Halligen zu fördern und sie sinnvoll in die Ordnung ihrer natürlichen Umwelt einzufügen und das Leben ihrer Bewohner den Anforderungen unserer modernen Zeit anzupassen. Die Aufwendungen für die – für uns selbstverständlichen Errungenschaften unserer Zivilisation – wie die Elektrifizierung, die Versorgung mit Trinkwasser, den Straßenbau bzw. überhaupt die Verkehrsanbindung und die Erneuerung der Gehöfte, stehen sicherlich – der Höhe nach – in keinem Verhältnis zu den auf dem Festland üblichen Kosten. Aber diese Opfer, insbesondere der öffentlichen Hand, zahlen sich vielfach aus. Die Halligbewohner können, wenn auch nicht in jedem Falle, ihre wirtschaftliche Existenz auf zwei Säulen – der Landwirtschaft und dank der neueren Entwicklung vor allem dem Fremdenverkehr – aufbauen. Aber nicht nur die materielle Sicherung der Halligleute rechtfertigt den Aufwand an öffentlichen Mitteln. Vor allem war und ist das Ziel aller Bemühungen, das Leben lebenswert zu machen für diese tapferen Menschen, die trotz der Kargheit ihrer Wohnstätten, trotz der immer wiederkehrenden Überflutungen und der jahreszeitlich bedingten ungünstigen klimatischen Verhältnisse, trotz Not und Gefahr in Treue und in Liebe an ihrer Heimat festhalten und tatkräftig ihre Heimat und zugleich das Festland gegen die Nordsee verteidigen.

Diese großartige Haltung der Halligbewohner und ihre selbstlose Leistung für die Allgemeinheit kann nicht hoch genug eingeschätzt werden. Die verantwortlichen Persönlichkeiten und Dienststellen sollten sich immer klar darüber sein, daß das Festland nur durch bewohnte Halligen geschützt werden kann – menschenleer würden diese schnell verfallen und vom Meer vernichtet werden.

Das vorliegende Werk soll dazu beitragen, diese Erkenntnis breiten Bevölkerungsschichten über Nordfriesland und Schleswig-Holstein hinaus nahezubringen. Es gibt überdies eine umfassende Übersicht über die bisherigen vielschichtigen Bestrebungen, die Halligen zu erhalten, verbunden mit einer gründlichen Analyse und Würdigung des durch die Förderungsmaßnahmen ausgelösten wirtschaftlichen Strukturwandels. Zugleich werden Konzeptionen für die kommende wirtschaftliche Entwicklung erarbeitet und niedergeschrieben.

Möge auch die zweite Auflage des Buches „Halligen im Wandel" dazu beitragen, in weiteren Bevölkerungskreisen das Interesse an dieser einzigartigen und so unendlich reizvollen, ständig um ihre Existenz ringenden Landschaft zu wecken.

Strande, im Mai 1985

Dr. h. c. Reinhold Borzikowsky
Landrat a. D.
des ehemaligen Kreises Husum

Einleitung

„Nordfriesland dicht an der Katastrophe vorbei – Schwerste Sturmflut seit dem Jahre 1976 – Halligbewohner wiederum besonders hart betroffen", so hieß es über die letzte sehr schwere Sturmflut vom 24. November 1981 einen Tag später in den „Husumer Nachrichten". Zu diesem Zeitpunkt war der Öffentlichkeit die akute Bedrohung von Habel noch nicht bekannt. Diese kleine Hallig mußte übermäßig starke Schäden hinnehmen: Der bisher weitgehend ungebändigte Heverstrom, der bei Sturmfluten eine besondere Bedrohung für die nordfriesische Küstenregion darstellt, konnte ungehemmt auf Hallig Habel aufbranden. Für Ausbau und Unterhaltung aller Schutzmaßnahmen gegen Übergriffe des Meeres werden im Bereich sämtlicher Halligen zur Zeit pro Jahr 7,5 Millionen DM veranschlagt; davon dienen 5,5 Millionen DM dem Ausbau bzw. der Verbesserung von Schutzmaßnahmen, die bis 1995 abgeschlossen sein sollen. Damit würden als jährliche Dauerbelastung ca. 2 Millionen DM für den Küsten- und Hochwasserschutz im Bereich der Halligen verbleiben. Womit lassen sich derart hohe Ausgaben rechtfertigen?

Die jüngsten Sturmfluten führten der betroffenen Bevölkerung wiederum die unbändige Gewalt der aufgewühlten Nordsee sowie die ständige Gefährdung der Küste mit aller Deutlichkeit vor Augen – sie zeigten aber auch aufs Neue, wie hoch die Wellenbrecherfunktion der Inseln und Halligen inmitten des Wattensockels einzuschätzen ist.

Damit erfüllen auch die Menschen in den ,,Uthlanden", die trotz einiger Entbehrungen – insbesondere auf den Halligen – die ,,Stellung halten", eine wichtige Aufgabe. Wie leben diese Menschen auf den Halligen in der Nordsee? Womit können sie unter den gegebenen Verhältnissen ihren Lebensunterhalt verdienen? Welches sind ihre Sorgen und Nöte? Auf diese und andere Fragen versucht die Arbeit einige Antworten zu geben, die auf einer gründlichen Analyse der heutigen Wirtschafts- und Erwerbsstruktur basieren. Die hierbei sichtbar werdenden Probleme dürfen nicht isoliert betrachtet werden, sie müssen vielmehr auf dem Hintergrund des für die schleswig-holsteinische Westküste so lebenswichtigen Küstenschutzes eine angemessene Beurteilung erfahren. Hierzu will diese Arbeit einen Beitrag leisten.

Darüber hinaus soll das Buch insbesondere dem Leser, dem die faszinierende Halligwelt bisher weniger vertraut ist, weitere Informationen geben. Sie schließen auch halligtypische Lebensumstände in früheren Zeiten ein, deren Kenntnis für die Würdigung heutiger Verhältnisse unabdingbar ist.

So werden in dieser Schrift einige grundsätzliche Erkenntnisse über die Entstehung der Halligen, die naturräumlichen Verhältnisse und die früheren Lebensbedingungen vorangestellt – hierzu sei insbesondere auf die umfangreichen Forschungsarbeiten von Erich Wohlenberg im nordfriesischen Wattenmeer verwiesen, deren Ergebnisse in zahlreichen Publikationen sowie in anschaulichen Modellen des Husumer Nissenhauses ihren Niederschlag gefunden haben. Doch sind die Ausführungen des allgemeinen Teils recht kurz gehalten, da zu diesen Themen eine Fülle weiterer hervorragender Veröffentlichungen vorliegt, anhand derer sich Interessierte ausführlich unterrichten können. Es werden dann vielmehr Ausgangsbedingungen und ständiger Wandel der Erwerbsstruktur aufgezeigt, um Verständnis für aktuelle Probleme zu wecken und gleichzeitig Beurteilungskriterien für die heutige Situation sowie gegebenenfalls für künftige strukturverbessernde Maßnahmen vorzulegen.

Gleichzeitig soll bei der Lektüre deutlich werden, daß der Eigenart und der spezifischen Entwicklung jeder einzelnen Hallig leicht unrecht getan wird, wenn man nur pauschal von „den Halligen" spricht: Schon die beiden größten Halligen, Hooge und Langeneß, weisen im Vergleich sehr heterogene Strukturen auf – und erst recht hat jede der anderen Halligen bis heute unverwechselbare Besonderheiten bewahrt.

Ein prägendes Element des Halliglebens mit unmittelbarem Einfluß auf die Erwerbssituation ist zu allen Zeiten die Auseinandersetzung der Halligbewohner mit dem sie umgebenden Meer gewesen. Deswegen wird dem Halligschutzgedanken und den Halligsicherungsarbeiten besondere Aufmerksamkeit geschenkt. Von herausragender Bedeutung waren die Halligsanierungsmaßnahmen der beiden letzten Jahrzehnte, über die ausführlich berichtet wird: Einerseits wurde durch diese Maßnahmen das Leben auf den Halligen sicherer und überhaupt erst „menschenwürdig". Andererseits waren sie aber auch Impulsgeber für den raschen Wandel in der Erwerbsstruktur.

Schließlich sollen auch die heutigen Konflikte nicht unerwähnt bleiben, die sich beim Aufeinanderstoßen der verschiedensten Nutzungsansprüche auf den Halligen ergeben – etwa der Wohn- und Lebensbedürfnisse der Halligbevölkerung, der Erwartung von Urlaubern und Tagesausflüglern sowie der Notwendigkeiten von Natur-, Küsten-, Landschafts- und Denkmalschutz.

Grundlage der Aussagen in vorliegendem Buch sind sowohl ausführliches Studium von Akten der zuständigen Behörden und von Unterlagen des Statistischen Landesamtes als auch insbesondere eigene Erhebungen, Befragungen und Kartierungen. Gerade die Arbeiten „vor Ort" haben die notwendigen Hintergrund-Eindrücke von den Lebensbedingungen ermöglicht, die Voraussetzung für eine differenzierte Strukturanalyse der Halligen sind. So ist es denn auch nicht verwunderlich, wenn die vorliegenden Ergebnisse von denen der amtlichen Statistiken teilweise erheblich abweichen.

Trotz erfolgter Sanierung und staatlicher Hilfen sind die Probleme, mit denen sich die Halligbevölkerung auseinandersetzen muß, groß – ja sie erscheinen zum Teil unlösbar. Es ist eine wichtige Aufgabe, die Festlandsbevölkerung damit zu konfrontieren und ihr die Verpflichtung des Staates für die Erhaltung der Halligen, in Konsequenz dessen aber auch für angemessene Lebensqualität ihrer Bevölkerung vor Augen zu führen. Nur bei voller Kenntnis dieses Zusammenhanges werden die Halligen auch in Zukunft als intakte Wellenbrecher Schutzfunktion für die stets gefährdete nordfriesische Küste haben können.

In der November-Sturmflut 1981 zerstörtes Haus auf Hallig Habel – inzwischen ist es wieder im alten Stil aufgebaut.

„Landunter" auf der Kirchwarft von Langeneß am 24. November 1981

Luftaufnahme von Nordstrandischmoor mit Anlandungsflächen beiderseits des Verbindungsdammes zum Festland – im Hintergrund Nordstrand und die Küstenlinie

I. Entstehung und Besiedlung der Halligen[1]

Das Wattenmeer ist eine der urtümlichen Landschaften Deutschlands, in der der Mensch noch gegen die Kräfte der Natur seinen Lebensraum verteidigen muß. Auch heute noch bleiben ihm dabei trotz Einsatzes moderner technischer Hilfsmittel Rückschläge nicht erspart. Im 24-Stunden-Rhythmus fallen zweimal zwei Drittel des Wattengebiets trocken und nur in dem weitverzweigten und fein verästelten System der Priele und in den Tiefs zwischen den Inseln bleibt auch während der Ebbe Wasser stehen. Als Folge des auf- und ablaufenden Nordsee-Wassers werden wertvolle Sedimente in den Küstenzonen abgelagert und damit der Landanwachs gefördert. Bei starken, landwärts laufenden Winden, wie sie im Küstenbereich nicht selten sind, steigt die Fluthöhe jedoch oft über ihr Normalmaß hinaus. Dabei gefährdet die Brandung nicht nur Insel- und Halligkörper, sondern sie wird auch für die von Menschen geschaffenen küstenschützenden Deichbauten zur ernsten Gefahr. So steht der stetigen Sedimentation auf der einen plötzlicher Landverlust auf der anderen Seite gegenüber.

Die schweren Sturmfluten von 1962, 1976 und 1981 haben aufs neue verdeutlicht, daß es trotz aller Maßnahmen und technischer Verbesserungen im Deichbau einen absolut sicheren Küstenschutz nicht geben wird. Die so oft gezeichneten Kartenwerke des nordfriesischen Wattenmeeres und Küstenraumes werden kaum jemals endgültig Gestalt annehmen.

Die schwächsten „Stützpunkte" in diesem ungleichen Kampf mit der Nordsee sind die verbliebenen Halligen, deren Landfläche nur 1 bis 2 m über die Höhe des mittleren Hochwassers hinausragt, und die erst in jüngster Zeit durch Steinkanten und teilweise durch Sommerdeiche vor dem ständigen Angriff geschützt wurden. Ihre Geschichte ist exemplarisch für das Werden und Vergehen im Spiel der Naturkräfte und der nicht unerheblichen Rolle, die der Mensch dabei spielt.

Die Halligen Oland, Nordmarsch-Langeneß, Gröde-Appelland, Habel, Hooge, Nordstrandischmoor, Norderoog, Süderoog, Südfall, die jetzt mit dem Festland zusammengewachsene Hamburger Hallig und die beiden Marschinseln Nordstrand und Pellworm liegen verstreut im nordfriesischen Wattenraum, den im Norden die Geestinseln Föhr und Amrum, im Osten die Festlandküste und im Süden die Halbinsel Eiderstedt umschließen. Nach Westen bilden drei Sandbänke (Japsand, Norderoogsand und Süderoogsand), die bei normalem Tidehoch trockenliegen, eine Barriere zur offenen See hin.

Vergleicht man den heutigen Kartenausschnitt mit einer der frühesten Darstellungen des nordfriesischen Raumes, nämlich der Meyer'schen Karte, die Nordfriesland um 1240 zeigt, so erkennt man an Stelle des Wattenmeeres mit

Abb. 1: Die nordfriesische Küste mit ihren Inseln und Halligen. – Ausschnitt aus der topographischen Karte Nordfrieslands 1 : 100 000 (jetziger Maßstab 1 : 145 460)

seinen Inseln eine von zahlreichen Wasserarmen und Seen durchsetzte Landmasse. Ist die Genauigkeit dieser Darstellung in kartographischer Hinsicht auch wenig befriedigend, so bleibt doch unbestritten, daß Nordfriesland seit jener Zeit Landverluste größten Ausmaßes hinnehmen mußte. Dennoch sind die Halligen – von Nordstrandischmoor abgesehen – nicht etwa Überreste früheren Fest- und Inselandes, sondern auf untergegangenem Kulturboden durch Sedimentation neu gewachsene Landflächen.

Das nordfriesische Wattenmeer verdankt seine Entstehung den Schmelzwassersanden, die gegen Ende der letzten Eiszeit diese Fläche bedeckten. Mit dem Ansteigen des Meerwasserspiegels nach der Eiszeit wurden diese Sandflächen häufig überflutet, doch führte das Meer von Westen so viele Sedimente mit sich, daß statt Zerstörung ein rascher Verlandungsprozeß eingeleitet wurde. Seewärts wuchsen große begrünte Landflächen heran, weiter östlich in dem zunehmend schlecht entwässerten Gebiet Schilfsümpfe, Bruchwälder und Hochmoore.

Funde von stein- und bronzezeitlichen Geräten im Wattenmeer beweisen, daß das für Menschen betretbare Gebiet wesentlich weiter westlich lag als heute; doch scheint die starke Vermoorung von ständiger Besiedlung abgehalten zu haben. Fortschreitende Meerestransgression sowie häufige Überflutungen der Moor- und Verlandungszonen führten zur Zerstörung der Moorvegetation und durch weitere Sedimentierung zur Herausbildung hallig- und inselähnlicher Landräume.

Mit Beginn unseres Jahrtausends setzte eine kolonisationsartige Besiedlung durch von Süden eingewanderte Friesen ein. Diese Neusiedler schreckten auch nicht vor den schlecht entwässerten Sumpfgebieten zurück. In zäher Arbeit verwandelten sie die Naturlandschaft planmäßig in Kulturland. Sie durchzogen das Land mit geradlinigen Entwässerungsgräben und bauten Siele und Schleusen. Größere zusammenhängende Landflächen wurden sogar schon durch Deichbauten geschützt, kleinere bereits teilbedeicht. In exponierter Lage gab es auch schon „Halligsiedler", die ihre Häuser auf künstlichen Erdhügeln, den Warften, bauten.

Die später untergegangene Insel Strand dürfte um 1000 n. Chr. bereits eine große, vom Festland getrennte Insel gewesen sein – mit dünner mariner Schicht auf dem moorigen Untergrund. Diese Insel wurde von den Friesen in der oben geschilderten Art urbar gemacht und vollständig bedeicht, was auf eine zahlreiche Bevölkerung schließen läßt, da solche Bauwerke, zumal mit den damaligen Mitteln, nur in gemeinschaftlicher Anstrengung durch viele Hände zu bewerkstelligen waren.

Tragischerweise fiel diese Besiedlung und intensive Bewirtschaftung des Marschlandes im Wattenmeer mit einem erneuten, überaus starken Vordringen des Meereseinflusses zusammen. Im 14. Jahrhundert n. Chr. sind mehrere verheerende Sturmfluten nachweisbar, mit großen Verlusten an Land und Menschen. Die „Erste Mandränke", der große Teile der Insel Strand zum Opfer fielen, und die die Ursache für den Untergang des sagenumwobenen Rungholts war, wird allgemein auf das Jahr 1362 datiert. Man nimmt an, daß

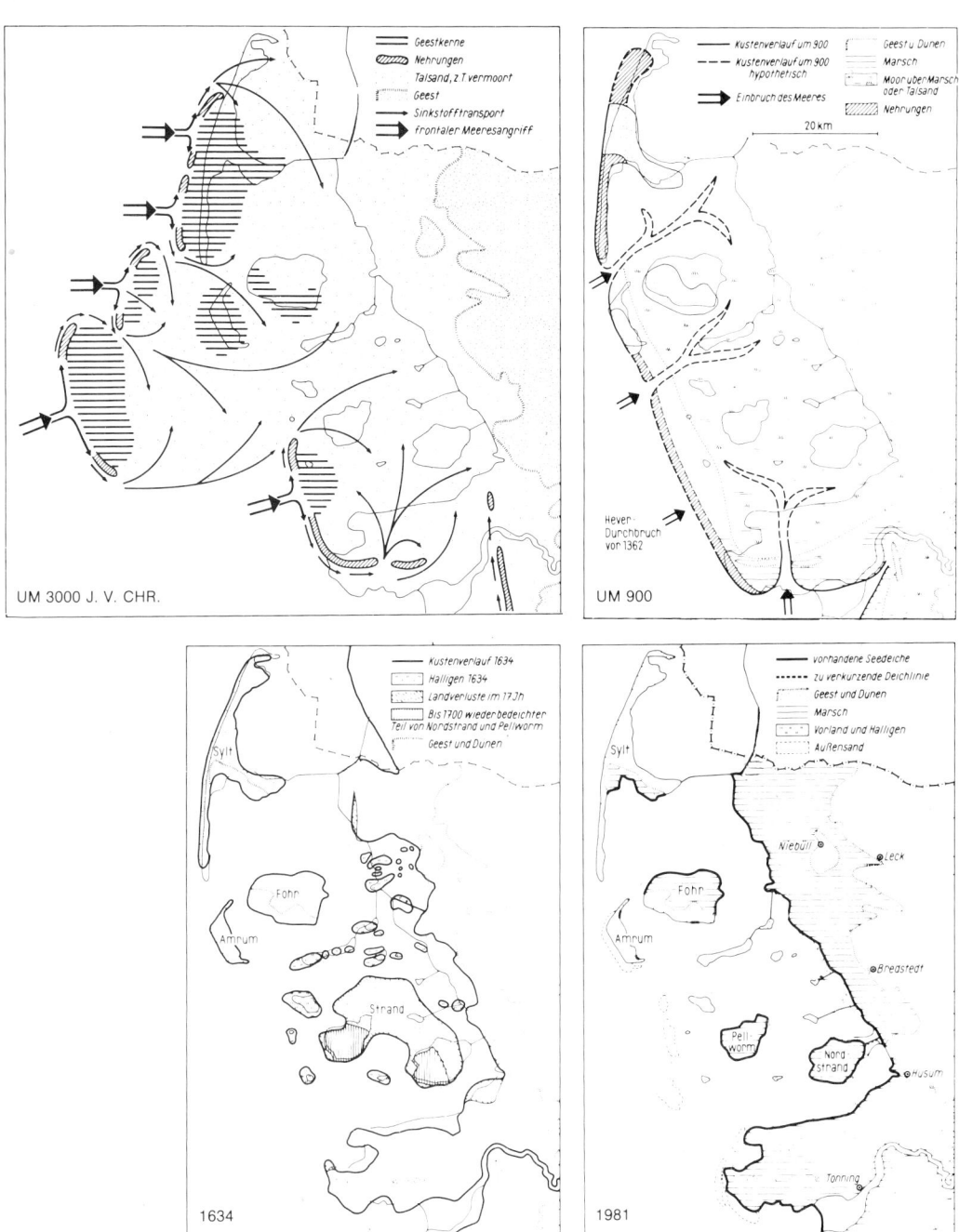

Abb. 2: Entwicklung der schleswig-holsteinischen Westküsten-Linie

17

in jenem Jahrhundert auch die damaligen Halligen zerstört wurden und die jetzigen Halligen auf dem durch Überflutung des Kulturbodens entstandenen Wattengrund durch Sedimentierung wiederum neu emporwuchsen. Kulturspuren der früheren Jahrhunderte liegen etwa 3 m unter dem jetzigen Halligbodenniveau.

Daß nicht nur der Anstieg des Meeresspiegels, sondern auch die fleißige Tätigkeit der Siedler ungewollt die Zerstörung ihres Lebensraumes begünstigte, soll noch kurz dargestellt werden. Durch den Deichbau verhinderten die Friesen die Überflutung ihres Siedlungsraumes, damit aber auch weitere Sedimentierung und Erhöhung der Landfläche. Durch die Entwässerung verdichtete und senkte sich der moorige, torfige Untergrund. Zum Teil wurde er auch systematisch abgebaut, teils zur Entfernung der unfruchtbaren Moorerde, teils zur Brennstoff- und Salzgewinnung. Außendeichs erhöhten sich die Watten, innendeichs blieb das Land in der alten Höhe, es konnte nicht mit auflanden. Das Ansteigen des Meeresspiegels erschwerte in zunehmendem Maße die Entwässerung. Insbesondere nach Sturmfluten konnte das Wasser nur sehr langsam wieder ablaufen, und bei Deichbrüchen strömte das Meerwasser ungehindert in das tiefer liegende Land. Da nun auch bei nachlassendem Wind mit jeder normalen Tide neues Wasser nachströmte, war es fast unmöglich, diese Löcher zu stopfen. Das Kulturland verwandelte sich dann rasch in Watt. Die durch den Gezeitenstrom bewirkte Prielbildung im ehemaligen Inselbereich brachte jedes Tidehochwasser noch näher an den verbleibenden Insel- oder Küstenbereich heran. Durch diese Entwicklung, die durch Augenzeugenberichte in alten Chroniken belegt ist, wurde die Insel Strand nach und nach zerstört und schließlich bei der ,,Zweiten Mandränke" von 1634 in zwei Teile zerrissen. Die jetzigen Überbleibsel sind die Marscheninseln Nordstrand und Pellworm sowie die kleine Hallig Nordstrandischmoor. Das ,,Wüste Moor" oder ,,Lüttmoor" war der Überrest eines noch nicht entwässerten und unbesiedelten Hochmoores, dessen Oberfläche beträchtlich über dem Kulturland der Insel Strand lag. Seiner Unberührtheit verdankte dieses Hochmoor seine Rettung. Während die Sturmflut 1634 das umliegende Inselland vernichtete, blieb es als Hallig erhalten. Einige Bewohner von Strand konnten auf dieses Eiland flüchten, sie waren die ersten Siedler der Hallig Nordstrandischmoor. Zwar blieben auch ihr in der Folgezeit Überflutungen und Landverluste nicht erspart − andererseits wuchs der Halligboden auf dem ursprünglichen Moor nach jeder Überschwemmung heran, auf dem die neuen Halligbauern ihr kärgliches Auskommen finden konnten.

Die in den 300 Jahren seit der ,,Ersten Mandränke" entstandenen bzw. übriggebliebenen Halligen hatten in der ,,Zweiten Mandränke" ebenfalls Verluste an Menschen und Land zu verzeichnen, kamen aber im Vergleich zum alten Strand einigermaßen glimpflich davon und konnten sogar Überlebenden dieser Insel als Zufluchtstätte dienen. Die folgenden 300 Jahre brachten allen Halligen weitere ständige Verluste an Land und Leuten (vgl. hierzu Tab. 2 im Anhang) bis zur Einleitung der staatlich organisierten Sanierungsmaßnahmen im ausgehenden 19. und dann insbesondere im 20. Jahrhundert.

II. Erwerbsquellen und wirtschaftlicher Strukturwandel in früheren Zeiten[2]

Um die Halligen bewohnen zu können, mußten künstliche Erdhügel, die Warften, aufgeschüttet werden. Der Grasboden wurde zunächst abgestochen, um damit die aufgeworfene Warftböschung abzudecken und vor Erosionserscheinungen bzw. dem Angriff des Meeres zu schützen. Da Süßwasserquellen fehlen, kam dem Auffangen von Regenwasser größte Bedeutung zu. Im Zentrum der Warft lag der trichterförmige Süßwasserteich, der Fething. In ihm sammelte sich alles Regen- und Schmelzwasser von den Hausdächern und der Warft. Wenn bei besonders hohen Sturmfluten eindringendes Meerwasser das Regenwasser ungenießbar machte, so konnte der Fething vermittels eines tief verlegten Rohres geleert werden. Ein weiteres Rohr verband

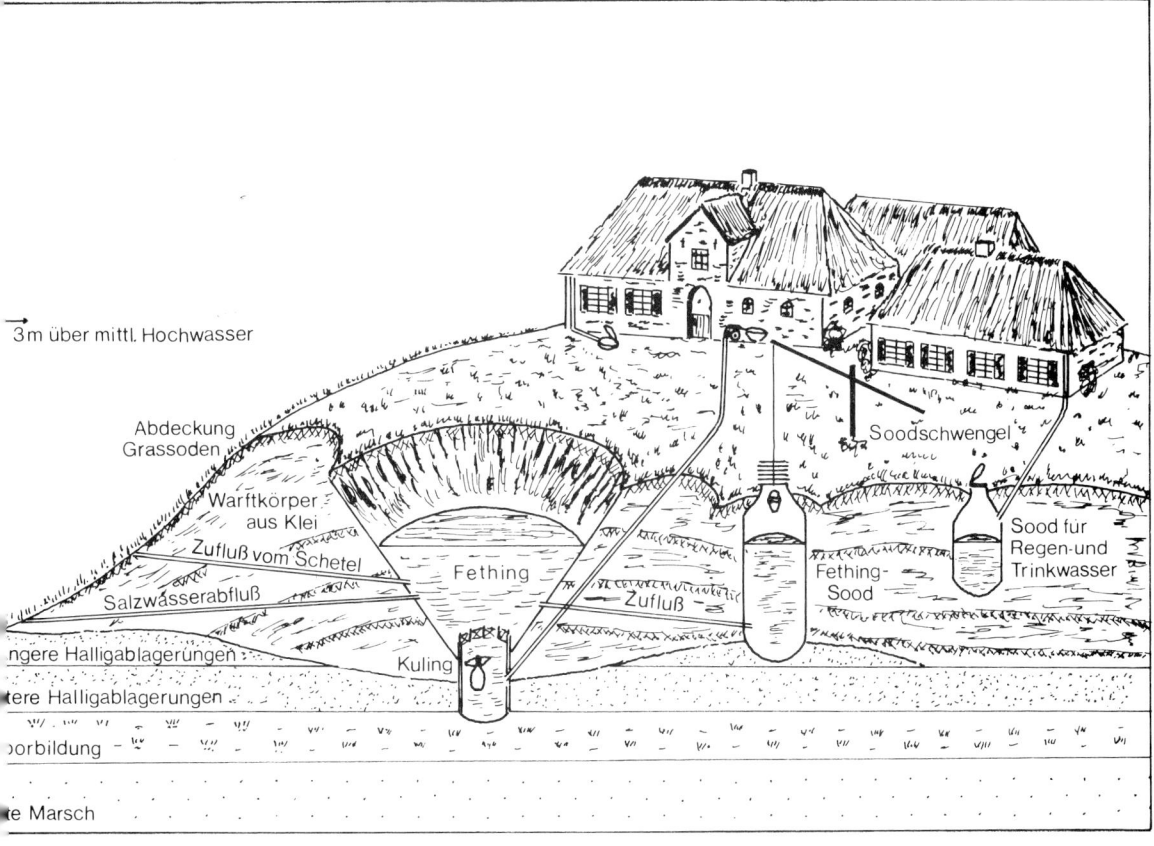

Abb. 3: Traditionelle Wasserversorgung einer Warft

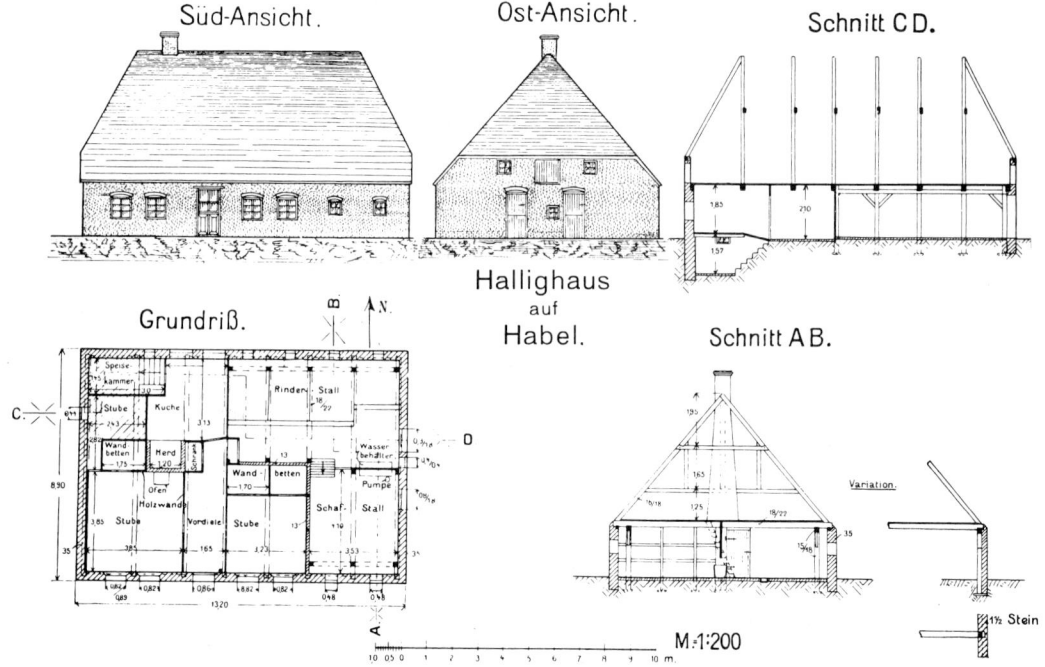

Abb. 4: Aufriß eines alten Hallighauses

ihn mit dem kleineren, verschließbaren Fethingsood, aus dem das Tränkwasser für das Vieh geschöpft wurde. Auch für das Trinkwasser der Menschen wurde ein verschließbarer Sood aus Grassoden und später aus Ziegelsteinen gemauert und nur vom Regenwasser der Hausdächer gespeist (vgl. hierzu Abb. 3).

Genau wie für die Fethinge wurden Standort und Zahl der Häuser vor dem Warftbau genau festgelegt. Die festen Ständer, die das Hausdach tragen sollten und die man durch starke Balken im Boden verband, wurden tief in den Warftgrund eingelassen. Diese Ständerbauweise, bei der nicht die Mauern, sondern senkrechte Holzpfosten das Dach trugen, erwiesen sich vorteilhaft bei Sturmfluten. Wenn besonders hoher Seegang die Ziegelmauern zum Einsturz brachte, so blieb doch meist der Dachboden, auf dem sich Mensch und Vieh geflüchtet hatten, stehen. Die Häuser waren niedrig und nach Westen ausgerichtet, um dem vorherrschenden Wind eine möglichst geringe Angriffsfläche zu bieten. Unter dem gleichen Dach lagen auf der einen Seite Wohnstube, Küche und „Pesel", die gute Stube für feierliche Anlässe, auf der anderen Viehstall und Heuboden (vgl. hierzu Abb. 4).

Untersuchungen im alten Halligbereich zeigen, daß die Art der Warftanlagen, des Hausbaus und das beschriebene System der Süßwasserversorgung schon in der ersten Besiedlungszeit üblich waren und im Laufe der Jahrhunderte nur einige Verbesserungen erfuhren.

20

1. Landwirtschaft

Eigentliche Lebensgrundlage der Halligbewohner war von jeher die Landwirtschaft, die wegen der häufigen, unregelmäßig auftretenden Überflutungen und wegen des hohen Salzgehaltes im Boden notgedrungen als extensive Grünlandwirtschaft betrieben wurde und demzufolge immer ein Auskommen am Rande des Existenzminimums bedeutete. Dabei handelte es sich vorwiegend um Schafhaltung, Rinder und Kühe bildeten in früheren Zeiten die Ausnahme. Dies geht u. a. aus nachfolgender tabellarischer Übersicht hervor, die 1862 zwecks Wertermittlung anläßlich einiger Überlegungen zum Ankauf der kleineren Halligen durch den Staat aufgestellt wurde.

Tab. 1: Viehbestand auf einigen Halligen im Jahre 1862

Halligen	Viehbestand							Kaufwert r.	Jährl. Pacht r.
	Rindvieh				Schafe				
	Milchkühe	Fahrkühe	Jungvieh	Kälber	Mutterschafe	Hammel	Lämmer		
1. Gröde	19	2	5	7	124	49	100	15 500	614
2. Habel	5	–	–	4	29	18	24	4 000	160
3. Buthwehl	12	1	2	7	75	30	70	9 800	390
4. Oland	17	3	3	3	89	12	22	9 800	388
5. Hamburgerhallig	6	1	–	1	110	–	36	7 200	400
6. Nordstrandischmoor	9	1	2	1	261	52	219	21 000	825
7. Südfall	6	1	2	–	66	32	66	7 500	300
8. Süderoog	7	1	1	5	80	30	80	8 800	425
9. Norderoog	–	–	–	–	–	–	–	500	20
Totalsumme	81	10	15	28	834	223	617	84 100	3 522

Im Watt zutage getretene Pflugfurchen – unter dem heutigen Halligniveau – deuten auch auf früheren Ackerbau hin. Es könnte sich dabei um kleinere teilbedeichte Flächen gehandelt haben; doch dürfte auch damals aus den oben genannten Gründen die Bedeutung des Ackerbaus gering gewesen sein.

So war seit jeher die Viehwirtschaft das Rückgrat der Halliglandwirtschaft. Schafe und Rinder lieferten fast alles, was die Bewohner zum Leben brauchten.

Das Gemüse für die eigene Küche zogen die Halligfrauen in geschützten Gärtchen auf der Warft. Gelegentlicher Fischfang und Jagd auf Seevögel bereicherten den Küchenzettel. Im übrigen mußte mit Überschüssen aus der Viehwirtschaft der Kauf von Artikeln getätigt werden, die die Halligwirtschaft nicht hergab: Werkzeuge, Mehl, Kartoffeln, Tee, Bekleidung, etc.

Dittenherstellung auf Hunnenwarft, Langeneß – der Mist wird gleichmäßig auf der Warftböschung verteilt und gestampft

Das Brennmaterial ist zum Trocknen aufgeschichtet – Hanswarft, Hooge

Ihre abgeschiedene und verkehrstechnisch ungünstige Lage im Wattenmeer, die nur selten Einkaufsfahrten bzw. -gänge zum Festland erlaubte, zwang die Halligbewohner, weitgehend autark zu sein und alles, was irgendmöglich, selbst zu erzeugen. Hierfür sei als Beispiel die Herstellung von Bennmaterial aus Stallmist angeführt. Der in dem „Potstall" gesammelte strohfreie Mist des Winterviehs wurde im Frühjahr auf der Warftböschung in einer dünnen Schicht ausgestrichen und angestampft. Nach einer ersten Trocknungsphase wurden die „Ditten" abgestochen und zur endgültigen Trocknung aufgestapelt. Die torfähnlichen „Ditten" lieferten bis in die fünfziger Jahre unseres Jahrhunderts hinein das Brennmaterial für den halligtypischen „Bilegger", der für Heiz-, Koch- und Backzwecke genutzt wurde. Man trieb mit den „Ditten" teilweise auch Handel — jeweils 1000 Stück erbrachten bei den Pellwormer Bauern 100 Pfund Weizen oder Roggen.

Dank ihrer exponierten Lage bewahrte die Landwirtschaft ihre im Mittelalter ausgeprägte Form bis ins 20. Jahrhundert. Aus der Besonderheit der Umstände resultierten besondere Organisationsformen.

Die natürliche Wirtschaftsgrundlage für die Halligbauern war der kurze kräftige Salzrasen, der während der Sturmfluten durch das mit Schlick und Sedimenten angereicherte Meerwasser kräftig gedüngt wurde — vorausgesetzt, daß das Salzwasser schnell wieder ablief. Dafür sorgten die natürlichen Priele und die von den Menschen angelegten Gräben und Sieltore.

Um das Vieh in den Ställen gut zu überwintern, kam der Heuernte besondere Bedeutung zu. Das Land war deshalb sorgfältig aufgeteilt in Heu- und Weideland. Erst nach der eingebrachten Heuernte durfte das Vieh auch auf dem Heuland gegräst werden. Da sowohl Zugtiere als auch Fuhrwerke auf den Halligen einen ungeheuren Luxus darstellten, arbeiteten alle Bewohner in gemeinsamer Anstrengung zusammen, um die Heuernte rechtzeitig vor den Herbstfluten einzubringen und in sturmsicheren „Diemen" auf der Warft oder auch auf dem Dachboden zu stapeln. In große Laken gehüllt, transportierten die Halligbauern die schweren Heubündel zur Warft. Oft genug wurde das zum Trocknen ausgebreitete Heu ein Raub sommerlicher Fluten und dann mußte entweder Heu vom Festland gekauft oder — wenn das nicht möglich war — Vieh verkauft werden. Da überraschende Sturmfluten nicht selten auch mit Verlust von Vieh verbunden waren, brachten sie die um ihre Existenz kämpfenden Halligbauern oft genug an den Rand des Ruins, was durch ständig abnehmende Bevölkerungszahlen seit 1634 eindringlich dokumentiert werden kann (vgl. hierzu Tab. 2 im Anhang).

Die im Mittelalter überall übliche Allmendewirtschaft erhielt sich auf den Halligen in besonders ausgeprägter Form bis in unsere Tage hinein. Der ständig abnehmende Umfang des Halliglandes führte zu einer jährlichen Neuverteilung des Nutzlandes unter den Halligbauern nach einem recht komplizierten System. Es wurde nicht etwa alles Halligland gemeinschaftlich bewirtschaftet, sondern nach einem bestimmten Schlüssel unter Berücksichtigung erworbener und ererbter Rechte verteilt. Nur der Landverlust und die unter-

Heuernte – das in großen Laken ge-
bündelte Heu ist zum Abtransport bereit.

Beladener Heuwagen – häufig wurden
die Fahrzeuge bzw. Gespanne vom
Festland ausgeliehen.

schiedliche Bodenqualität wurden gemeinsam getragen, jedoch auch nur innerhalb einer Warftgemeinschaft, der Hauseigentümer auf einer Warft, der
sogenannten „Bohlsinteressengemeinschaft". Ihr gehörte das Halligland, das
normalerweise von dem anderer Warftgemeinschaften durch natürliche Was-
serläufe deutlich getrennt war. Das Nutzland wurde unterteilt in Weideland
(Fenne) und Heuland (Meede). Die Anteile der Warftbewohner waren ge-
nauestens in den „Fennen- und Meedebüchern" aufgezeichnet, die reihum
von einem der Beteiligten, dem „Kurator", für ein Jahr geführt wurden. Der
Berechnung lag als Flächenmaß das „Notgras" zugrunde, d. h. die Grasflä-
che, die zur Ernährung eines Rindes notwendig war. Durch das „Fennen-
buch" wurde genau bestimmt, wieviel Stück Vieh und welcher Art (Rind,
Schaf, Kalb, Lamm) jeder Anteilseigner auf welcher Fläche weiden lassen
durfte, es regelte auch die Dauer der Weidezeit. Außerdem veranlaßte der
„Kurator" Viehzählungen sowie die Kennzeichnung des Viehs, setzte Straf-
gelder für überzogenen Viehbestand fest und kümmerte sich außerdem um
Instandsetzungen von Wegen und Brücken. So wurde einerseits verhindert,
daß das begrenzte Halligland zu stark beweidet wurde, und es wurden gemeinnützige Aufgaben durch sanften Zwang gemeinsam durchgeführt. Im
„Meedebuch" wurde jedem „Bohlsinteressenten" sein Anteil an Heuland
zugewiesen, wobei der Verteilerschlüssel wieder alle ererbten oder erworbe-
nen Besitzansprüche berücksichtigen mußte. Die guten oder weniger guten
Grasflächen wurden möglichst gerecht reihum und der Zeitpunkt des Heuens
gemeinsam bestimmt. Da der Anteil eines jeden „Bohlsinteressenten" am
Heu- und Weideland Privatbesitz war, konnte er ihn nach Belieben ganz oder

24

teilweise verkaufen oder erwerben, wodurch die Berechnungen der Anteile immer komplizierter wurden. So mancher „Bohlsinteressent" hatte Anteile an mehreren Warftgemeinschaften, so daß die landwirtschaftliche Nutzfläche einer jeden Warftgemeinschaft und eines jeden Halligbauern recht zerrissen und über die Halligfläche weit verstreut war.

Der Besitzer einer 23-ha-Stelle auf Langeneß z. B. hatte 1956 etwa 20 verstreut liegende Stücke Heuland, von denen einige kaum 1 m breit, aber 100 m lang waren. Obendrein wurde die genaue Berechnung der Anteile durch die Erbschaftszersplitterung, Verkauf und Zuerwerb so kompliziert, daß der „Kurator" ein Rechengenie sein mußte, um das Land an die Eigentümer zu verteilen. So ist im Nachrichtenblatt des Justizministeriums Schleswig-Holstein vom 4. Mai 1950 zu lesen, daß die Nanni Hansen mit zwei 63/128 und Max Kühn mit vier 125/128 Lammgras an der Lorenzwarftfenne und der gleiche Max Kühn mit vier Notgras und zwei 279/608 Lammgras an der Ockelützwarftfenne beteiligt waren. Dabei galt die Regel, daß bei $^3/_4$ Lammgras der Berechtigte sein Lamm drei Jahre lang dort weiden durfte, im vierten Jahr aber ein anderer Berechtigter. Wie der Fall bei 279/608 Lammgras gelöst wurde, geht aus diesem Bericht nicht hervor.

Ähnlich kompliziert war die Aufteilung der Halligmeede. Zwar erreichte man durch die jährliche Umverteilung, daß jeder Bauer mal auf dem besten, mal auf dem schlechtesten Stück sein Gras mähen mußte, doch war die Zersplitterung so groß, daß – wie aus dem vorher zitierten Bericht hervorgeht – die Anteilsberechtigten auf Hanswarf-Norderboehl erst nach 48 Jahren wieder das Land zum Heuen bekamen, auf dem sie angefangen hatten.

Oft fand der Heutransport aufgrund schlechter Wegverhältnisse auch auf Booten statt – zwingend war dies für die Oländer Bauern, die auf Gröde Meedeland-Anteile hatten

Einbringen der Heuernte auf Neuwarft, Nordstrandischmoor

Die Vorteile des Systems wurden genannt, die Nachteile liegen auf der Hand: Maßnahmen zur Bodenverbesserung und damit zur Vermehrung und qualitativen Verbesserung des Viehbestandes wurden vom einzelnen Halligbauern nicht unternommen, da er ja sein diesjähriges Nutzland im nächsten Jahr ganz oder teilweise an einen anderen abtrat, um selbst wieder ein anderes Stück Land zu übernehmen. Als die meisten Halligbewohner noch zur See fuhren und mit einem guten Nebenerwerb die heimische Wirtschaft stützten, mögen die Nachteile nicht so ins Gewicht gefallen sein. Doch als man sich nach dem Niedergang der großen Zeit des Walfangs und der Handelsschifffahrt notgedrungen wieder verstärkt der Landwirtschaft als entscheidender Lebensgrundlage zuwenden mußte, brachten derartige Mängel, die neben den bereits genannten ungünstigen Grundbedingungen wirksam wurden, die Halligbevölkerung immer wieder in ernste Existenzschwierigkeiten. Die wirtschaftliche Notsituation der Halligbauern in vergangenen Jahrhunderten wird beispielhaft in einer Bittschrift aus dem Jahre 1806 erhellt, die anläßlich einer angekündigten neuen Landsteuer nach erfolgter Neuvermessung von den Betroffenen an den Landesherrn abgeschickt wurde:

„Die Halligen mögen auch noch so oft gemessen werden und bei jeder Vermessung eine noch so große Dematzahl herausbekommen, so können wir doch auf derselben nicht mehr Vieh halten als nach der alten Dematzahl. Es liegen an dem Ufer herum 20 Ruthen und an der West- und Südwest-Seite

30 Ruthen mit Muschelschalen, Sand und Erde bedeckt, wo kein Gras wachsen kann, und dieser Umfang kann gewiß auf 1000 Demat angeschlagen werden, desgleichen befinden sich im Innern ganze Strecken, wo 5–10 Demat kaum Gras für eine Kuh liefern, ungerechnet die unzähligen Sicken, Röndeln, welche lange nicht alle auf der Karte angegeben, und zum Flächeninhalt gerechnet worden sind . . . Die Liebe zum Geburts-Ort fesselt auf eine unbegreifliche Weise die Einwohner der Halligen an denselben. Sie vergehen uns unter den Händen. Diesen Winter noch sind in der Nähe eines Warfes auf Nordmarsch, welcher am Ufer liegt, durch eine einzige Wasserfluth 16 Fuß festes Grede-Land 3 Fuß tief weggespült. Die 12 Wohnungen müssen abgebrochen werden, die Einwohner müssen flüchten und die Wenigsten wissen noch wohin, ihre Ländereien sind ihnen nichts wert, weil selbige nicht mehr genutzt und aus dieser Ursache nicht verkauft werden können. Ein ähnliches Schicksal steht ebenfalls 4 andern Warfen auf verschiedenen Halligen bevor, die eine einzige hohe Fluth ruinieren kann, und wovon ein großer Teil der Einwohner mit Abbrechung der Häuser geflüchtet ist, die übrigen Unvermögenden aber auf die Gefahr hinleben müssen, und bald wird es mehreren Warfen so gehen und also dadurch wird die Anzahl der Hülfsbedürftigen immer größer und die Anzahl der Erwerbenden immer kleiner . . . Von jeher war die größte Sorge der Halligbewohner die Bezahlung ihrer Schulden und Vermeidung der desfalsigen gerichtlichen Klage. Der Gedanke an Execution, Subhastation, Pfändung und Wardirung ist ihnen eben so schauderhaft als der Gedanke an Teufel und Hölle, und nicht mit Unrecht, denn die schwersten Gerichtskosten verursachen dem, der in Niederlage geräth, den baldigen gänzlichen Ruin. Und doch sind, wenn bei der neuen die alte Dematzahl nicht zur Anwendung kommen könnte, solche Auftritte unvermeidlich. Niemand kann von dem Lande bestehen, wenn er sonsten keine Erwerb-Quellen hat. Denn wenn wir das Grasland zu einer Kuh verhäuren, erhalten wir 2 Rthr. und von dieser Strecke Land oder 1 Demat müssen jährlich $25^1/_2$ ß Königl. Dematgelder und 29 an Landeszinsen der Creditkasse bezahlt werden. Ferner kommen hinzu die Bekleiung der Viehtreften, im Standehaltung der Wege und Stege, welche die Fluth jährlich ruiniert, Armen-, Kirchen- und Schulrechnungen. Von dem Ertrage des Landes bleibt nicht so viel übrig, als zur Zahlung der neuen Steuer erforderlich ist . . .

. . . Wir bitten, im Fall eine allgemeine Ermäßigung durch Anwendung der alten Dematzahl nicht bewilligt werden kann, es dann künftig einem jeden von uns erlaubt sein möge (so bald er sich außer Stande gesetzt sehen sollte die auferlegte Steuer bezahlen zu können), sein bisher als Eigenthum benutztes Land, wenn er dazu keinen Käufer findet, ohne Ersatz fahren zu lassen und mit aller schuldigen Submission als herrenloses Gut zu Ew. Kgl. Majest. Füßen zu legen." (I, S. 290/291)

Die begrenzten Möglichkeiten landwirtschaftlicher Nutzung ihres salzhaltigen Bodens sowie die ständige Gefahr großer wirtschaftlicher Verluste haben die Halligbewohner zu allen Zeiten dazu gezwungen, nach weiteren zusätzlichen Erwerbsquellen zu suchen.

2. Salzgewinnung

Schon im frühen Mittelalter war Nordfriesland ein bedeutender Salzlieferant Europas. Die erste Nachricht über die nordfriesische Salzgewinnung verdanken wir dem dänischen Chronisten Saxo Grammaticus (um 1150 n. Chr.), es sei „aus gedörrten Erdschollen Salz gekocht" worden. Spuren im Watt, vor allem im Bereich der nördlichen Halligen rings um Nordmarsch-Langeneß, Habel, Gröde, Appelland und Hooge gaben Aufschluß über die mittelalterliche Art der Salzgewinnung. Wie in der Entstehungsgeschichte erwähnt, hatten sich die vielfach überfluteten Moorböden mit Salz angereichert, bevor eine Sedimentschicht über ihnen aufwuchs. Nun wurde von den Siedlern die Kleischicht der Meeresablagerung entfernt und die ca. 1 m dicke Salztorfschicht abgegraben. Die getrockneten Torfschollen wurden verbrannt, die Torfasche mit Meerwasser ausgelaugt und die so gewonnene Sole in großen Eisenkesseln gekocht, bis das Salz ausfiel. Die im Watt um die Halligen in großen Mengen gefundene Salzasche beweist, daß die Verarbeitung an Ort und Stelle vorgenommen wurde. Warftreste und Spuren von Sommerdeichen zeigen, daß die

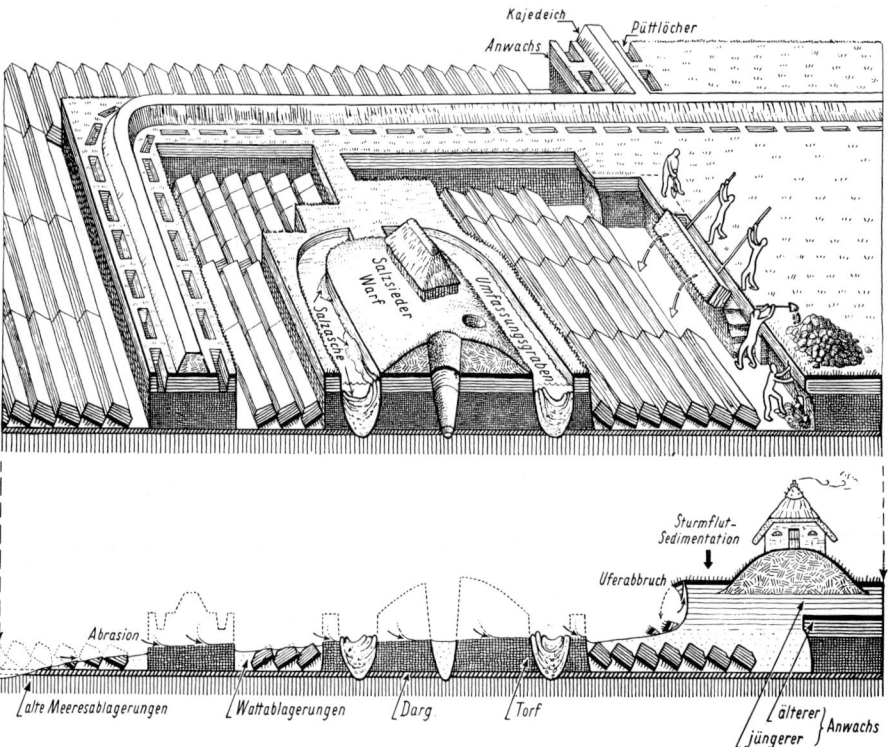

Abb. 5: Schematische Darstellung des Salztorfabbaues und seiner Folgen im Raume Langeneß-Nordmarsch

Salzbrenner zumindest im Sommer im Abbaugebiet wohnten und es vor kleinen Überflutungen schützten. Der Salzabbau scheint in beträchtlichem Umfang betrieben worden zu sein und muß eine gute Einnahmequelle dargestellt haben. Insbesondere die Hanse war Großabnehmer des Friesensalzes, das in beachtlichen Mengen zur Konservierung der Heringsfänge benötigt wurde.

Da das reinere Bergwerks- und Salinensalz erst später aufkam, erzielte das Friesensalz einen beachtlichen Preis. 2 Tonnen Salz (zu 160 l) kosteten etwa dasselbe wie 8 bis 10 Tonnen Korn oder eine Kuh. Berechnungen nach mußte ungefähr 1 m³ Torf abgebaut werden, um 24 kg Salz zu gewinnen. Für das Jahr 1638 wird der Umsatz in dem einen, aber nicht einzigen Umschlagshafen Ribe auf 6864 Tonnen beziffert, was einer abgebauten Torffläche von 37 600 m² entspricht (etwas mehr Fläche als heute die Hallig Habel hat). Nachweisbar nehmen die Abbaugebiete jedoch mehrere Quadratkilometer ein. Diese Landzerstörung und systematische Oberflächensenkung bis unter die Tidelinie hat sich verheerend ausgewirkt und mit zur Vernichtung fast des gesamten früheren Halliggebietes in der Flut von 1362 und damit zur Wattbildung auf großen ehemals grünen Landflächen geführt. Offensichtlich trug das Meer aber noch so viel Sedimentmaterial heran, daß über Teilen ehemaliger Torfabbaugebiete und über altem Halligland die jetzigen Halligen heranwachsen konnten.

Der Schwerpunkt des Salzabbaus verlagerte sich nach der großen Flut von 1362 in das Gebiet Alt-Nordstrands und in Küstennähe und wird auch hier einen nicht unwesentlichen Beitrag zum Untergang Strands und dem weiteren Vordringen des Meeres in den Küstenbereich geleistet haben. Im Jahr 1550 verbot Karl V. zugunsten seines Monopols auf die Ausbeutung der Lüneburger Salinen den Nordfriesen das Salzsieden, doch offensichtlich ohne Erfolg. Noch Ende des 18. Jahrhunderts existierten Salzbrennereien auf der Hallig Galmsbüll (untergegangen), auf der Hallig Dagebüll (heute Festland) und auf der Insel Föhr.

3. Walfang

In der Mitte des 17. Jahrhunderts setzte nach Entdeckung der walreichen Buchten von Spitzbergen ein Boom im Walfang ein, in dem sich vor allem die holländischen Reeder hervortaten und große Walfangflotten ausrüsteten, um den begehrten europäischen Markt mit dem Tran und dem Fischbein zu versorgen. Das Ausmaß der Schlächterei ist kaum vorstellbar. In jeder Fischsaison wurden die Wale zu Tausenden in den Buchten auf relativ bequeme Weise von den Schiffen aus getötet, an Ort und Stelle abgespeckt und an Land zu Tran verkocht. Als Steuerleute und „Commandeure" heuerten die Holländer vorwiegend see-erfahrene Basken an. Doch 1632 verbot der französische König aus Rivalitätsgründen den Basken die Fahrt auf holländischen Schiffen. In die offenen Stellen drängten nun die Insel- und Halligfriesen, die die Flut von 1634 mit den großen Verlusten an Land und Vieh in Existenznot und bittere Armut gestürzt hatte. Die bequemen Jahre des Walfangs waren jedoch bald vorüber, die Buchten waren leer von Walen und die Fangschiffe folgten ihnen immer weiter ins Eismeer mit den gefährlichen Eisbergen und dem tückischen Packeis. Die Fangfahrten wurden härter, gefährlicher und verlustreicher, doch der Boom hielt vorerst noch an.

In den Blütejahren des Walfangs nahm fast die gesamte männliche Bevölkerung vom 11. bis 70. Lebensjahr an den entbehrungsreichen und gefährlichen Fangfahrten teil. Von März bis Oktober blieben auf den Inseln und Halligen nur Frauen, Kinder und Greise zurück.

Um das Jahr 1701 beteiligten sich etwa 3600 Nordfriesen am Walfang. Die Hallig Nordmarsch, die 1720 394 Einwohner zählte, entsandte 100 Männer, also ein Viertel der Einwohner. Viele fuhren in gehobener Position als Schiffsführer, ,,Commandeure", Steuerleute und Harpunierer. Dazu verhalf ihnen nicht etwa ein angeborener seemännischer Instinkt, sondern winterlicher Fleiß. Die älteren Seeleute gaben in der heimatlichen Winterruhe ihre Erfahrungen in der Navigation und Schiffsführung an die jüngeren weiter. In diesen ,,privaten Navigationsschulen" wurden die nordfriesischen Seeleute ausgebildet und besser auf die Fahrten vorbereitet.

Die Grönlandfahrten von 1630 bis ca. 1770 brachten einen gutbürgerlichen Wohlstand auf die Inseln und Halligen zurück, und Kapitäne und Steuerleute brachten Luxusgegenstände mit, um ihre Häuser auszustatten. Die behaglichen nordfriesischen Wohnstuben mit ihrem Delfter Kachelschmuck, den schmiedeeisernen Beilegeöfen und der anheimelnden Bemalung haben in diesen ,,goldenen Jahren" ihr Gesicht bekommen.

Aber diese Jahre waren nicht nur segensreich. Die Gefährlichkeit des Wal-

,,Pesel" mit Delfter Kachelschmuck und ,,Bilegger" (ganz rechts) — Zeugnis des Wohlstandes vergangener Jahrhunderte

fangs im Packeis um Spitzbergen forderte ihre Opfer. Auch bei Schiffsfahrten von bzw. zu den holländischen Häfen durch das heimtückische Wattenmeer brachten die Frühjahrs- und Herbststürme manches der kleineren Boote zum Kentern und ihren Besatzungen den Tod.

4. Handelsschiffahrt

Über die Verhältnisse der Handelsschiffahrt im 17. Jahrhundert teilt der Sylter Chronist C. P. Hansen folgendes mit: „Die Seefahrer auf den Nordstrander Halligen scheinen um diese Zeit auf eigenen Schiffen Handels- und Frachtfahrten nach verschiedenen Ländern und Seestädten des nördlichen und westlichen Europas gemacht zu haben. Es wurde ihnen am 11. Juli 1661 von dem Könige Karl II von Großbritannien die Freiheit vergönnt, auf 12 ihrer Schiffe mit nordischen Waren nach England zu fahren und dort Handel zu treiben." (I. S. 349/350). Jedoch war die Verlustquote in dem zwischen Großbritannien und den Niederlanden geführten Seekrieg (1665—1667) offenbar recht hoch. Dennoch wird für 1686 noch von einer Anzahl bedeutender Handelsschiffe berichtet, die sich in der Nordsee nicht nur der Stürme, sondern auch der Seeräuber zu erwehren hatten.

Die Blüte der Handelsschiffahrt setzte dann allerdings erst im 18. Jahrhundert ein, nachdem der Niedergang der Grönlandfahrten durch allzu unbekümmerte Dezimierung der Wale eingeleitet worden war. Viele Nordfriesen gingen zur Handelsschiffahrt über und bereisten auf holländischen und dänischen Schiffen die Weltmeere.

Im Jahr 1749 schrieb der Chronist Lorenzen über Nordmarsch: „Alle Mannspersonen auf Nordmarsch gewöhnen sich von Jugend auf zur Schiffahrt . . . Oft sind unsere Seefahrende erst um Weihnachten alle zu Hause gekommen, wenn die Rolle schon wieder herumgeht, damit ein jeder seinen Namen zur Wiederausfahrt zeichne. Den kurzen Winter über haben die mehresten eben nicht viel zu verrichten; sondern verzehren alsdann das Erworbene mit den Ihrigen in Ruhe; durchgehends ist das verdiente Geld im Frühjahr ausgelegt, und muß es dann wieder auf See hinaus, aufs neue etwas zu erwerben . . . Der Segeltag ist auf den 1. März festgestellt, da hatten dann die zwei Befrachtere von der Insel alsdann schon ein Schmack in segelfertigem Stande liegen, da man auf einen favorabeln Wind wartet. Hierauf sieht man die ganze Mannschaft unserer Insel von allen Warften nach dem Schiffe gehen, wenn sie an Bord gestiegen, den Anker lichten und mit fliegendem Wimpel nach Amsterdam fahren. Unsere Nation wird von den Holländern itzo sehr geliebt, und zu verschiedenen Officierbedingungen befördert . . . Die Anzahl unserer Seefahrenden belief sich vor 30 Jahren über 100, welche Anzahl aber itzo auf 86 heruntergestiegen." (I. S. 350/351).

Das Bild auf Langeneß glich dem auf Nordmarsch — auch hier waren nach entsprechenden Berichten fast alle männlichen Bewohner Seeleute. Auf Hooge wurden im Jahre 1794 96 Seefahrer gezählt, „nemlich 18 Schiffer, 8 Steuerleute und 70, die als Bootsleute, Matrosen und Jungen fahren. Noch vor fünf Jahren gab es hier 30 Schiffer. Woher diese Abnahme rührt, ist ein Rätsel. Von

Kachelbild von Walfang-Schiffen, deren Eigner der wohlhabende Hooger Kapitän Tade Hans Bandick war − Motiv in dem von ihm 1776 erbauten „Königspesel" auf der Hanswarft

den 18 Schiffern führen 17 holländische Schiffe und nur ein einziger ein dänisches Schiff von Flensburg." (I. S. 352). Neben den genannten Halligen war auch noch Oland recht stark in der Seefahrt vertreten (vor 1825: 40 bis 50 Seefahrende), die dann allerdings Ende des 18. Jahrhunderts merklich zurückging und „nur noch ein Schattenwerk gegen vorige Zeiten" war.

Wie hoch man von seiten des Staates seinerzeit die Seefahrt als Erwerbsquelle eingeschätzt hat, geht aus einigen Privilegien hervor, die man den Halligbewohnern durch einen königlichen Erlaß vom 28. 1. 1735 einräumte: „Zur größeren Ermunterung derselben zur Seefahrt sollen alle Männer ‚zu ewigen Zeiten' von aller Ausschreibung zu Lande und allen Soldatendiensten befreit, dagegen auf der Flotte, auf vorherige Ansagung zu dienen haben." (I. S. 353). Diese Privilegien haben bis zum Ende der dänischen Herrschaft für die Halligbewohner ihre Gültigkeit behalten, den Verfall der Seefahrt im 19. Jahrhundert jedoch nicht verhindern können.

So wird in Zeitdokumenten (1823) belegt, daß aufgrund dieses allmählichen Niederganges nicht nur schwindende Verdienstmöglichkeiten bestanden, sondern früher angesammelte „Capitalien" bereits angegriffen werden mußten. Die verheerende Sturmflut von 1825 bewirkte zusätzlich, daß „viele Vermögende" nach Föhr und auf das Festland abwanderten und damit die wirtschaftliche Not der Halligen verstärkten.

Es hat in dieser Zeit nicht an ernsthaften Überlegungen gefehlt, die in der Verarmung begriffenen Halligen wirtschaftlich zu fördern. Der Pellwormer

Deichkommissar Petersen machte im Jahre 1836 in einem Gutachten den Vorschlag, ,,ein Kauffahrteischiff mit einem Aktienkapital von 14 000 bis 16 000 Kourant-Mark aufzubringen, auszurüsten, vom Kapitän bis zum Schiffsjungen mit Halligleuten zu bemannen und für Rechnung der Aktieninhaber auf Frachten auszuschicken, mit der Verpflichtung für den Kapitän, daß er darauf zu sehen habe, die junge Mannschaft tunlichst auf anderen Schiffen unterzubringen und seine Mannschaft jährlich wieder durch Halligleute zu vervollständigen. Dieser Vorschlag fand wohl einigen Anklang, besonders auf Hooge, wo sich noch ein regerer Sinn für das Seeleben erhalten hatte.'' Aber die Ausführung war nach Petersens Meinung ebenso schwer, weil ,,der Halligbewohner zu Opfern für gemeinnützige Zwecke schwer zu bringen ist und weil die Leute ihre Hallig gewissermaßen als ein morsches Schiff betrachten, das ihre Enkel vielleicht nicht mehr tragen wird, wodurch ein Gefühl von Unmut und Verzweiflung erzeugt wird, das jede Tatkraft lähmt''.

Indes hatte die Seefahrt nach 1825 tatsächlich ein schnelles Ende genommen. Auf Oland gab es 1825 ,,keine 10 Seeleute mehr''; auf Hooge waren es um 1840 ,,nur noch 20 bis 30 jüngere Leute'', die zur See fuhren; ,,Ende 1869 gab es auf Hooge noch 13 Seefahrer, darunter 3 Kapitäne''.

Müller schreibt zur wirtschaftlichen Situation auf den Halligen um 1840: ,,Statt der Seefahrt, welche die Hooger einstens wohlhabend machte, bestand nun ihr Betrieb aus Heuwindung, Viehzucht und Milchwirtschaft.'' Auch in einer Topographie von 1854 wird über den ,,dauernden Niedergang der Seefahrt und dem Übergang zum landwirtschaftlichen Betriebe auf allen Halligen'' berichtet. ,,Besonders seit 1870 gehen viele Halligleute nach Amerika. Die meisten erlernen auf dem Festlande ein Handwerk''. (I. S. 356)

5. Fischfang

Auch der Niedergang der Seefahrt konnte die Hallig-Bewohner nicht zu einer maßgeblichen Verlagerung ihres Erwerbslebens auf den Fischfang veranlassen — dies unter anderem wohl auch wegen der exponierten Lage der Halligen mitten im Wattenmeer. Der Fischfang hat in der Halligwirtschaft immer nur eine untergeordnete Rolle gespielt. Dafür mögen die flachen hafenungünstigen Gewässer und der fehlende bzw. zu weit entfernte Absatzmarkt Schuld gewesen sein. Immer ist aber Fischfang im kleinen Stil zur Aufbesserung der Wintervorräte und zur Bereicherung des kargen Küchenzettels betrieben worden.

Schollen, Butt, Aale und Hornfisch wurden mit Angelhaken und Ködern oder in Reusen gefangen. Die Plattfische wurden bei Ebbe auch beim Durchwaten der Priele aufgespürt und mit einem Stecheisen aufgespießt oder gegriffen. Für die Eigenversorgung waren vor allem die Krabben oder Purren von Bedeutung, die in Salz konserviert einen Teil des winterlichen Fleischvorrates ausmachten. Der Krabbenfang war insbesondere Beschäftigung der Frauen, die in den Prielen bei ablaufendem Wasser kescherartige Netze vor sich herschoben und ihre Fänge in umgehängte Körbe leerten.

Müller bezieht sich in seiner Darstellung des ,Fischereiwesens auf den Hal-

Krabbenfischerin beim Leeren des Netzes

ligen' u. a. auf eine Beschreibung von Lorenzen aus dem Jahre 1749, in der
dieser zwischen Nordmarsch und der Insel Föhr von großen Rochenfängen
berichtet, die zum Teil an die umliegenden Inseln verkauft wurden. Lorenzen
erwähnt auch „große Betten, wo die Muscheln dicht aneinander liegen, und
können arme Leute sich fast alle Zeit damit des Hungers erwehren". Neben
diesen Miesmuschelbänken konnte man früher auch noch lohnende Austern-
bänke abernten.

Nach der schweren Sturmflut von 1825, die das wirtschaftliche Leben auf
den Halligen nahezu zum Erliegen brachte (234 Menschen wanderten ab), gab
es von seiten der Landesregierung ernsthafte Überlegungen zur gezielten Förderung des Fischereiwesens. Jedoch äußerte sich der Pellwormer Deichkommissar in dem bereits zitierten Gutachten von 1836 recht negativ über die
Chancen der Fischerei als einer nennenswerten Erwerbsquelle. Er meinte,
„daß die Halligleute gegen die Fischerei eine merkwürdige vom Vater auf den
Sohn vererbte Abneigung hätten" (I. S. 374). Auch die Bemühungen der
nachfolgenden preußischen Regierung blieben – trotz Beihilfen zur Anschaf-
fung von Stellnetzen und anderen Gerätschaften – letztlich ohne nennens-
werte Erfolge.

Für das Jahr 1895 gibt der Kgl. Fischermeister Edden in der ‚Statistischen
Übersicht der Fischerei an der Westküste' für die Halligen folgende Darstellung:

„Auf Hooge gibt es zwei Gelegenheitsfischer. Es sind 4 Stellnetze (kleine
Buttnetze), 20 Streicher, 1 Buhne vorhanden. Der durchschnittliche Jahres-
verdienst beträgt 50–100 Mark. Der Wert der Fahrzeuge und Geräte 150
Mark. Fast jeder Einwohner hat eine Glippe und fischt Krabben und machen
dieselben, nachdem sie ausgepellt sind, in Töpfen ein, um sie dann nach Wyk
zu verkaufen. Der Postfährschiffer betreibt nebenbei die Seehundsjagd und
erlegt durchschnittlich jährlich mit der Flinte oder durch Erschlagen reichlich
100 Stück.

Auf Nordmarsch-Langeneß wird außer Butt- und Schollenpöddern sowie
Krabbenfang mit Streicher für den eigenen Bedarf keine Fischerei getrieben.
Es sind etwa 20 Streicher im Wert von 100 Mark vorhanden. Bei sehr guten
Fängen fuhr man früher wohl nach Wyk zum Verkauf der Fische.

Auf Oland, Gröde und Habel sind 1 Boot und 1 Störnetz sowie 2 Krabben-
kurren und 16 Streicher vorhanden. Der Wert der Fahrzeuge und Geräte beträgt 420 Mark. Das Störnetz ist Eigentum des Deutschen Seefischereivereins
und einem Bewohner von Habel leihweise überlassen. Derselbe hat in den
beiden letzten Jahren aber wenig oder gar nicht damit gefischt, da er keinen
Partner auf Anteil am Fange bekommen konnte.

Außer Butt- und Schollenpöddern und Krabbenfang mit Kurre und Streicher für den eigenen Bedarf wird von den Halligen keine Fischerei getrieben.
Zum Kurren und Pöddern werden die Halligboote benutzt.

Auf Nordstrandischmoor sind an Geräten 5 Streicher im Werte von 25
Mark vorhanden. Die Einwohner fischen Krabben mit der Glippe, grabbeln
Butt und pöddern Schollen für den eigenen Bedarf." (I. S. 375).

Im Jahr 1914 ist von 15 vorübergehend beschäftigten See- bzw. Küstenfischern auf den Halligen die Rede. Lohnender und einträglicher war zu Beginn dieses Jahrhunderts offenbar die Seehundsjagd auf den Sandbänken vor Hooge und Süderoog. Durch den Verkauf der Felle und des Specks ergaben sich zeitweilig gute Nebenverdienstmöglchkeiten. In der Zeit von 1901 bis 1908 wird von Abschußquoten berichtet, die jährlich zwischen 115 und 175 lagen.

Die Darstellung der Erwerbsquellen in vergangenen Jahrhunderten macht deutlich, daß die Landwirtschaft zwar seit jeher eigentliche wirtschaftliche Grundlage auf den Halligen war, jedoch wegen der periodischen Überschwemmungsgefahr bei weitem nicht so vielseitig und tragfähig war wie etwa auf dem Festland. Dieser Umstand zwang die Halligbewohner zu allen Zeiten, sich um weitere Verdienstmöglichkeiten zu bemühen.

Dabei waren der Salztorfabbau sowie der vergleichsweise unbedeutende Fischfang die einzigen weiteren landschaftsgebundenen Erwerbszweige. Die guten Möglichkeiten, in der Seefahrt Geld zu verdienen, waren von den jeweiligen politischen und wirtschaftlichen Verhältnissen abhängig, was durch das jähe Ende der Handelsschiffahrt belegt wurde. Die auf dem Festland in steigendem Maße sich entwickelnde Arbeitsteilung mit ihren weitreichenden beruflichen Konsequenzen konnte auf den dünn besiedelten, peripher gelegenen Halligen nicht wirksam werden. So mußten junge Halligleute, die nicht das Los ihrer Eltern teilen wollten oder konnten, sich beruflich auf dem Festland anderweitig orientieren – dies bedeutete in der Regel die endgültige Abwanderung.

Je verheerender die Sturmfluten ausfielen, desto schmaler und gefährdeter wurde die Existenzgrundlage der seit dem Niedergang der Seefahrt fast ausschließlich von der Landwirtschaft lebenden Bevölkerung. Darin lag zugleich eine Gefahr für die Existenz der Halligwelt überhaupt – untergegangene Halligen sind der beste Beweis dafür.

Bereits im 18. und dann im frühen 19. Jahrhundert versuchten Landesherren bzw. Regierungen auf die wirtschaftliche Existenzgefährdung der Halligbewohner zu reagieren, indem sie zwecks Schaffung beruflicher Anreize etwa für die Seefahrt oder die Fischerei Privilegien bzw. Subventionen gewährten – doch ohne nachhaltigen Erfolg.

III. Anfänge gezielter Existenzsicherungsmaßnahmen für die Halligen und ihre Bevölkerung[2]

Wie bereits beschrieben hat Nordfriesland besonders im Bereich der Inseln und Halligen im Laufe der letzten 300 Jahre Landverluste großen Ausmaßes erfahren. Um 1565 zählt Petreus in seiner „Een korte Beschrivinge des Land-lins Nordstrands und dess Gelegenheiten" 29 Halligen, von denen 13 unbewohnt waren. Heute sind es nur noch 9 echte Halligen, mit der festlandverwachsenen Hamburger Hallig 10. Der genaue Flächenverlust läßt sich erst seit der ersten Landvermessung im Jahre 1713 belegen. So haben die Halligen in 200 Jahren bis zu den ersten Uferschutzmaßnahmen um 1900 durchschnittlich 50 % ihrer Landfläche verloren, einzelne Halligen, wie z. B. Habel, sogar 80 %. Mit dem Landverlust einher ging ein ständiger Rückgang der Bevölkerungszahl. Es waren nicht nur nach jeder größeren Sturmflut Menschenleben zu beklagen (1634 allein auf den Halligen 113, 6200 im ganzen Inselbereich), Obdachlose und durch allzu große Landverluste in ihrer Existenz bedrohte Halligbauern verließen ihre Heimat, zogen auf die sicheren Geestinseln oder aufs Festland, bzw. sie wanderten nach Übersee aus. Jede größere Sturmflut hatte eine solche Abwanderungswelle zur Folge.

Zur Veranschaulichung mögen folgende Zahlen dienen (nach Quedens) – auf den Halligen lebten:

1768	ca.	2000 Bewohner in ca.		500 Häusern
1824		937 Bewohner in ca.		339 Häusern
1890		512 Bewohner in ca.		123 Häusern
1924		490 Bewohner in ca.		122 Häusern.

Haben die Halligen nach Zerstörung ihrer früheren Vorgänger auch auf untergegangenem Land durch Sedimentablagerung neu entstehen können, so ist das Meer seit der vollständigen Zerstörung des den Geestinseln westwärts vorgelagerten Festlandes ausgesprochen arm an Sedimenten. Natürlicher Landanwachs im Wind- und Strömungsschatten von Inseln und Halligen hat seinen Ursprung in dem normalerweise größeren Landverlust auf der Westseite.

Zu wirksamen Küstenschutzbauten, wie sie an der Küste in gemeinsamer Anstregung aller Bewohner erstellt wurden, fehlten auf den Halligen die Mittel. Nur staatliche Unterstützung hätte hier helfen können, doch dafür mußte sich erst der Wert der Halliglandschaft im allgemeinen Bewußtsein festsetzen. Aber auch nachdem ihre Bedeutung als „Wellenbrecher" zum Schutz der nordfriesischen Außendeiche und ihre Funktion innerhalb der Landgewinnungmaßnahmen erkannt worden war, verhinderten kriegerische Auseinandersetzungen und der Wechsel von der dänischen zur preußischen Oberhoheit noch lange wirkungsvolle Schutzmaßnahmen.

1. Entwicklung des Halligschutz-Gedankens

Die erste Nachricht über einen beabsichtigten planmäßigen Schutz der Halligen stammt aus dem Jahre 1711. Herzog Christian August von Schleswig-Holstein-Gottorp ließ untersuchen, wie die „Wegspülung" verhindert und die „Anschlickung" gefördert werden könnten. In ihrem Bericht erachteten die eingesetzten Kommissare den Bau von „Dückeldämmungen" (Lahnungen) zwecks „Anflächung" für notwendig. Auch die „Einfassung" in einen „Deichverband" wurde erwogen. Jedoch kamen derartige Pläne nicht zur Ausführung.

Erst die verheerende Sturmflut von 1825 rückte die bedrohliche Lage der Halligen und ihrer Bewohner in das öffentliche Bewußtsein (vgl. hierzu Tab. 2 im Anhang). Angesichts der verzweifelten Situation der Überlebenden wurde die Frage nach der weiteren Bewohnbarkeit der Halligen gestellt. Es tauchten unter anderem auch Vorschläge auf, die Halligen nur als „salze Gräsung" von den Inseln und dem Festland aus zu nutzen. Jedoch sprach sich eine Gutachter-Kommission eindeutig gegen derartige Pläne aus.

Die Halligvorsteher schlugen zur Sicherung der Halligen und ihrer Bewohner eine Erhöhung und „verhältnismäßige Abdachung" der Warften sowie einen Wiederaufbau der Häuser „mit Ständern" vor. Darüber hinaus empfahl der seinerzeitige Deichinspektor Krebs weitere – uns aus neuerer Zeit recht vertraute – Maßnahmen: Anlage von Grüppeln zwecks Entwässerung und Verbesserung des Halliglandes, Bau von Lahnungen, Halligfußsicherungen, Aufschüttung von Ringdeichen auf den Warften, bei denen eine Erhöhung wegen der vorhandenen Bausubstanz nicht in Frage kam, Abschottung von Tür- und Fensteröffnungen sowie Verstärkung der Gebäudemauern.

Zwar gelangten derartige weitgespannte Pläne in ihrer Gesamtheit noch lange nicht zur Ausführung, doch die breite Diskussion über die Zukunft der Halligen sowie insbesondere der Besuch des dänischen Königs Friedrich VI. am 2./3. Juli 1825, der sich an Ort und Stelle von dem Ausmaß der Flutkatastrophe überzeugte, deuteten darauf hin, daß das Schicksal der Halligen auch zu einer Angelegenheit der Öffentlichkeit bzw. des Staates geworden war. So erfolgte ein königlicher Aufruf zur Abhaltung einer Kirchenkollekte und Haussammlung, in Husum wurde ein privater Hilfsverein gegründet und für Sofortmaßnahmen zur Wiederherstellung von Warften und Häusern wurde ein staatlicher Entschädigungsfond eingerichtet. Die schlimmste Not konnte dadurch zwar gelindert werden, doch blieben tiefgreifende Maßnahmen zur systematischen Sicherung der Halligsubstanz aus.

Bemerkenswert ist eine von Wardenburg verfaßte Handschrift aus dem Jahre 1835, in der dieser die Wellenbrecher-Funktion der Halligen bereits anklingen läßt: „Es müssen also schon diese Inseln beschützt und für ihre Bewohner erhalten werden, denn welcher Kommune könnte und würde man sie ohne große Kosten, Lasten und Beschwerden einverleiben können? Daß sie den hinterliegenden bedeichten Kögen einen wichtigen Schutz gewähren müssen, scheint sehr einleuchtend, wenn dem auch von einigen widersprochen wird." (I. S. 312/313)

Die Bedeutung der Halligwelt als Schutzwall des rückwärtigen Festlandes setzte sich in Gutachten, Plänen und Empfehlungen zwar allgemein durch, dennoch vergingen wiederum Jahrzehnte, bis der dänische Reichsrat ein Gesetz annahm, in dem für die Jahre 1862—1864 eine Summe von 8300 Reichstalern „zur Vermessung und Unterhaltung der Inseln und Halligen" ausgewiesen wurde. Doch der deutsch-dänische Krieg von 1864 und der Krieg zwischen Österreich und Preußen im Jahre 1866 bereiteten dem Unternehmen noch vor Beginn ein rasches Ende.

In den ersten Jahrzehnten des Kaiserreiches reiften zwar realisierbare Pläne für einen gezielten Halligschutz heran, doch ließen konkrete Maßnahmen noch lange auf sich warten. Stellvertretend für eine Reihe von Männern, die sich in der Öffentlichkeit immer wieder für einen staatlich getragenen Halligschutz einsetzten, sei Eugen Träger genannt, der in Aufsätzen, Büchern und Eingaben unermüdlich auf die außergewöhnliche Bedeutung der Halligen als Natur- und Kulturland hinwies. Seine Vorschläge beinhalteten auch Dammbauten zwischen einigen Halligen und dem Festland, die gewaltige Neulandgewinnungsarbeiten einleiten sollten.

2. Erste staatliche Maßnahmen zur Sicherung der Halligen

Am 30. September 1894 gelangte eine von der Wasserinspektion Husum vorgenommene „Aufstellung von Projekten für die Halligbefestigung" zur Vorlage bei der Regierung in Schleswig, die in den nachfolgenden Jahren im wesentlichen realisiert wurde (vgl. hierzu Abb. 6).

Als erste Hallig erhielt Oland — dort war der Abbruch der letzten Warft, auf der noch ca. 30 Menschen lebten, schon bedenklich nahe gerückt — im Jahr 1896 eine 820 m lange Steindecke und einen 4,6 km langen Damm zur Lütjenswarft in Fahretoft. Umfangreiche Anlandungen am Damm, die durch Lahnungen gefördert wurden, rechtfertigten das Werk. 1899 wurde der 3,5 km lange Verbindungsdamm zwischen Oland und Langeneß fertiggestellt. 1899—1902 wurden Gröde und Appelland an ihrer Westseite durch eine 2400 m lange Steindecke verbunden und wuchsen in der Folgezeit durch Anlandung zu einer einzigen Hallig zusammen.

Auf der Hallig Hooge wurde zunächst nur die besonders gefährdete Nordweststrecke durch eine Steinkante geschützt, doch in den Jahren 1911—1915 umgab man dann mit einem Kostenaufwand von 1,0 Mio. Mark die ganze Hallig mit einem 2,2 m über NN liegenden Sommerdeich sowie einer Halligfußsicherung.

Der Erste Weltkrieg traf die Bemühungen um den Schutz der Halligwelt empfindlich. Es konnten kaum die für die Erhaltung der Bauwerke nötigen Mittel bereitgestellt werden. Der Damm nach Oland z. B. verfiel fast vollständig.

Es dauerte noch Jahre, bis nach dem Ersten Weltkrieg die Wasserbauarbeiten wieder aufgenommen werden konnten. 1925—1927 wurde ein neuer, noch heute bestehender 4872 m langer Damm von Dagebüll nach Oland gebaut und mit einem Schienenstrang versehen, über den eine Lorenbahn Mate-

Abb. 6: Halligschutzprojekt von 1894

rialtransporte auf die Hallig durchführen kann. Der Damm liegt nur 0,50 m über NN, kann also bei höheren Fluten nicht befahren werden.

1928 wurde der 3 km lange Verbindungsdamm zwischen Oland und Langeneß überholt und ebenfalls mit einem Schienenstrang ausgestattet. Damit waren wenigstens diese beiden Halligen notdürftig mit dem Festland verbunden. In einem zweiten Anlauf wurde die Steindecke um Gröde in den Jahren 1926/27 auf 3277 m verlängert, womit fast die ganze Halligkante vor weiterem Abbruch geschützt war.

Auch im „Dritten Reich" wurden die Anstrengungen zum Küstenschutz und zur Landgewinnung fortgesetzt. 1933 wurde ein 5,4 km langer Damm vom Cäcilienkoog nach Nordstrandischmoor gezogen. Von diesem Damm standen in den 50er Jahren allerdings nur noch die eisernen Spundwände.

40

Halligfußsicherung und Siel an der Nordseite von Langeneß – im Hintergrund die Maienswarft

Verbindungsdamm zwischen Langeneß und Oland – Räumung im Eiswinter 1981/82

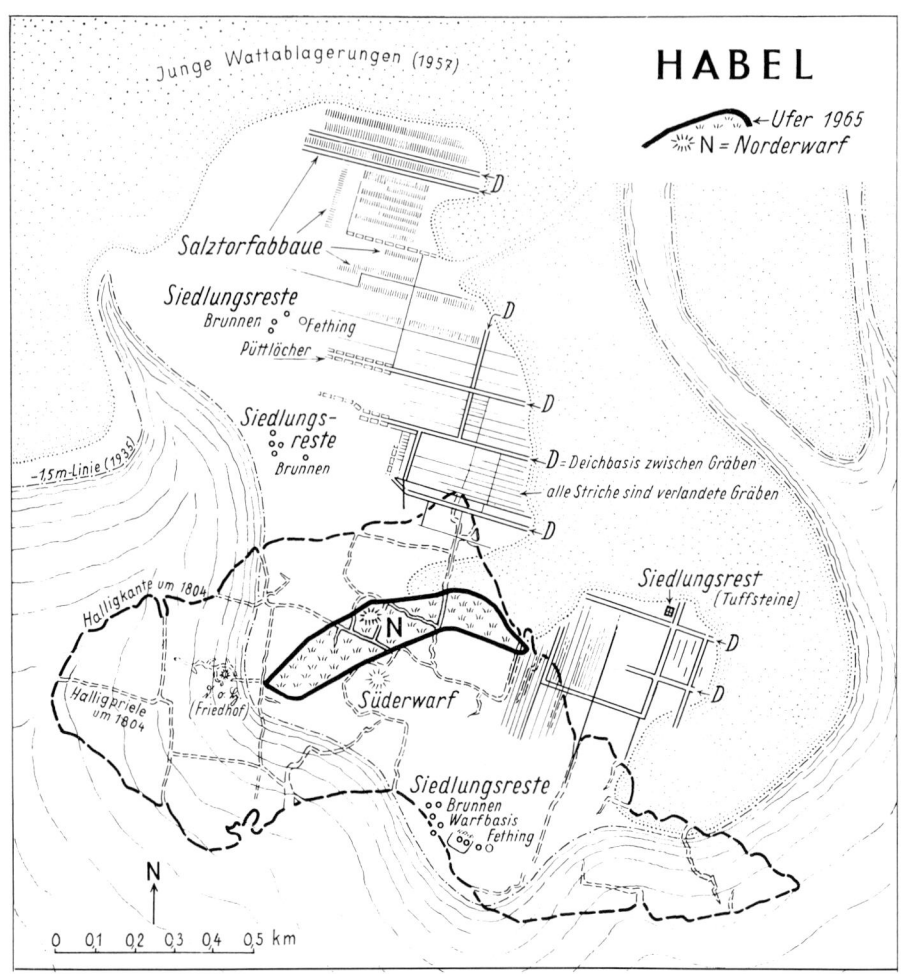

Abb. 7: Habel 1804 und 1965 – Kulturspuren und Kartenvergleiche als Anhaltspunkte für die Landschaftsentwicklung in diesem Raum

Der niedrige Verbindungsdamm von Wobbenbüll nach Nordstrand, dessen Fertigstellung 1906 erfolgte, wurde in den Jahren 1933/34 erhöht und als Verkehrsweg ausgebaut.

Alle diese Dammbauten stellen nicht nur die Verbindung zum Festland her, sondern unterteilen das große Wattengebiet in kleinere Flächen und verhindern so die Ausweitung des Prielsystems und begünstigen den Landanwachs.

1934 wurden dann schließlich die ersten Schutzmaßnahmen für die kleinste aller Halligen, die Hallig Habel, eingeleitet. Diese Hallig hatte in den letzten 100 Jahren die verhältnismäßig größten Landverluste hinnehmen müssen. Noch 1877 hatte Habel eine Fläche von 27 ha, 1923 verließ der letzte Bewohner die Hallig, weil das nutzbare Land nicht mehr die Existenz einer Familie sichern konnte. Ohne die durchgeführten Schutzmaßnahmen wäre die heute nur noch 4 ha große Hallig mit Sicherheit den Fluten zum Opfer gefallen.

3. Erste staatliche Maßnahmen zur Verbesserung der Lebens- und Erwerbsbedingungen

Die Errichtung des Sommerdeichs um die Hallig Hooge stellte eine einschneidende Maßnahme in die Natur der Halligen dar — es sollten sich aber auch Konsequenzen für das landwirtschaftliche Gefüge ergeben.

Die Halligfußsicherung verhinderte weiteren Landverlust, der neue Sommerdeich setzte die Zahl der jährlichen Überflutungen drastisch herab. Es kam seither im Winter nur noch zu etwa zwei bis drei Überflutungen (zum Vergleich: Gröde hatte im Jahr 1954 40 mal „Landunter"). Die Flora der Hallig änderte sich in verhältnismäßig kurzer Zeit. Das Salz der seltenen Überflutungen wurde durch nachfolgenden Regen nunmehr rasch aus dem Boden gewaschen und lief in den Gräben und Prielen ab. So wurde die Salz- von der Süßwasserflora verdrängt. Dies führte zu erheblich verbesserten Voraussetzungen für die Grünlandwirtschaft. Während 1914 nur 190 Rinder auf der Hallig grasten, waren es 1925 bereits 485.

1936 wurden sogar erste Anbauversuche mit Hafer unternommen, wegen zu geringen Ertrages dann aber wieder eingestellt.

Allerdings blieb mit den Überflutungen auch die natürliche Düngung durch Sedimentmaterial aus, so daß es nach der ersten Qualitätsverbesserung des Weidelandes zu einer Stagnation in der Landwirtschaft kam. Unkraut und Ungeziefer (vor allem Ameisen) vermehrten sich rapide. Für eine Intensivierung der Landwirtschaft wären nun weitere Maßnahmen zur Bodenverbesserung, wie Unkraut- und Schädlingsbekämpfung und Düngung, erforderlich gewesen. Dem stand jedoch die Allmendewirtschaft mit ihrer zersplitterten, jährlich wechselnden Bodenverteilung entgegen.

Mit Einverständnis der Bewohnerschaft nahm 1935 eine Kommission die ersten Voruntersuchungen für ein umfassendes Flurbereinigungsverfahren auf; 1939 wurde den Hooger Bauern ihr vorläufiger Besitz zugewiesen, und 1941 gingen die bereinigten Flurstücke in festen Privatbesitz über. Mit der Landaufteilung Hand in Hand ging die Verbesserung des Entwässerungssystems durch Anlage von Grüppeln und Gräben. Siele wurden gebaut und ein Wirtschaftswegenetz von 10,7 km Länge angelegt. Damit waren erste entscheidende Schritte zur wirtschaftlichen Sanierung der Halligwelt getan.

Der Zweite Weltkrieg führte jedoch wiederum zu einem Stillstand in der eingeleiteten Entwicklung und durch ausbleibende Unterhaltungsarbeiten auch zu einigen Rückschlägen. Angesichts der unerwartet raschen Konsolidierung wirtschaftlicher Verhältnisse in der Bundesrepublik Deutschland rückte bereits Anfang der 50er Jahre die existenzielle Gefährdung der Halligen und ihrer Bevölkerung wieder in den Blickpunkt der Öffentlichkeit. Dieser Umstand bewirkte zwar noch kein grundlegendes Sanierungskonzept, führte jedoch sehr bald zu einigen Maßnahmen, die weitgehend vom Land und vom „Programm Nord", auf das später noch näher eingegangen wird, getragen bzw. vom Kreis durchgeführt wurden.

Die wichtigste Maßnahme dieser Zeit war wohl der Anschluß der Halligen an das Stromversorgungsnetz des Festlandes. Zunächst wurde Ende 1954 eine

Silo für die Gärfuttergewinnung auf der Norderwarft von Norstrandischmoor –
Gebäude- und Warftzustand vor 1961

Stromleitung entlang des Dammes nach Oland und Langeneß verlegt, auf
Hooge begann das „Strom-Zeitalter" aufgrund der sehr viel größeren technischen Schwierigkeiten bei der Kabelverlegung durchs Watt von Pellworm aus
erst im Jahre 1959.

Auf Gröde und Hooge war schon vor dem Krieg je ein Silo zur Gärfuttergewinnung errichtet worden. Auf diese Weise wollte man in erster Linie das
Verlust-Risiko der Heuernte bei Überflutung eindämmen. – Im Rahmen von
Sofortmaßnahmen, die das Kieler Ministerium für Ernährung, Landwirtschaft und Forsten 1957 zur Förderung der Landwirtschaft anlaufen ließ,
wurden noch im gleichen Jahr 13 weitere Silos auf allen Halligen erstellt; die
erheblichen Zuschüsse kamen zum Teil aus dem „Grünen Plan" sowie aus
den „Katastrophenfonds", aus denen Halligbauern in dieser Zeit auch Beihilfen z. B. für Ernteschäden, die durch Sturmfluten hervorgerufen waren, erhielten. Um den landwirtschaftlichen Ertrag zu steigern, bezuschußte man
ebenfalls die Düngung sowie die Begrüppelung einiger Halligländereien.

Von entscheidender Bedeutung für die Halligen sollte das „Programm
Nord" werden, dessen Schwerpunkt primär auf der Verbesserung der Wasserwirtschaft und der Flurbereinigung lag.

Das im Rahmen dieses Landeskulturprogramms durchgeführte Flurbereinigungsverfahren auf Langeneß schuf mit seinem Abschluß im Jahre 1960 die Voraussetzung für eine leistungsfähigere Einzelbewirtschaftung der Hallig-Ländereien. Im Zuge des Flurbereinigungsverfahrens erhielt Langeneß ebenfalls eine 2 m breite Betonstraße.

Ein wichtiges Ereignis für die künftige Entwicklung der Halligen war die Eindeichung des festländischen Hauke-Haien-Koogs (1957–1959). Diese Maßnahme macht den integralen Charakter des „Programm Nord" in besonderer Weise deutlich. Mit der neuen ins Watt verlagerten Deichlinie war eine wichtige Küstenschutzmaßnahme erfolgt, das große Speicherbecken gewährleistete Hochwasserentlastung der überschwemmungsgefährdeten Niederungsgebiete, das Neuland lieferte gute Voraussetzungen für den reibungslosen Ablauf anstehender Flurbereinigungsverfahren und schließlich erfolgte mit dem Bau eines weitgehend tideunabhängigen Hafens die eigentliche Verkehrsanbindung der Halligen an das Festland, zumal der neue Hafen Schlüttsiel eine großzügige Verbindungsstraße zur B 5 erhielt. Seither hat Schlüttsiel Husum als „Tor zu den Halligen" abgelöst – Busverbindungen nach Bredstedt und Husum sorgen für einen guten Verkehrsanschluß. Seit Gründung der „Amrumer Schiffahrts AG" im Jahre 1960 besteht regelmäßiger Fährverkehr von und zu den Halligen, womit auch der reibungslose Transport von Kraftfahrzeugen gewährleistet ist (1971 fusionierte die „Wyker Dampfschifffahrts-Reederei" (WDR) mit der „Amrumer Schiffahrts AG").

Hafen Schlüttsiel – das neue „Tor zu den Halligen"

Die erhöhte und abgeflachte Westerwarft auf Hallig Hooge mit den drei neuen Deicharbeitersiedlungen — Aufnahme 1954

Die Westerwarft im Winter 1980/81 — das Warftprofil hat sich wesentlich verbessert und ist damit sturmflutsicherer geworden

Allerdings änderten sich durch diese Maßnahmen die wirtschaftlich schlechten Grundbedingungen auf den Halligen wenig oder gar nicht. Am besten standen sich noch die Hallig-Landwirte, die ihren geringen Verdienst durch einen Nebenerwerb aufbessern konnten; doch dafür gab es nur beschränkte Möglichkeiten, so z. B. im Transportwesen oder vereinzelt auch im Handwerk.

Auf diesem Hintergrund war die Bereitstellung von Arbeitsplätzen auf den Halligen durch das Marschenbauamt Husum für eine Reihe von existenzgefährdeten Familien von großer Bedeutung. Zwar boten die Halligen im Rahmen der geschilderten staatlichen Sanierungsmaßnahmen auch in früheren Zeiten bereits eine Reihe von Arbeitsplätzen, doch handelte es sich dabei zumeist um zeitlich begrenzte Arbeitseinsätze vom Festland aus. Als Beispiel dafür sei der große Einsatz des ,,Reichsarbeitsdienstes" (RAD) auf Hooge angeführt, der seit 1937 für die Folgearbeiten des laufenden Flurbereinigungsverfahrens zur Verfügung stand. Die Arbeiter waren in einer eigens für den RAD erstellten Pfahlbaukonstruktion auf der erweiterten Westerwarft untergebracht.

In den Jahren 1953 und 1954 wurde diese Warft erhöht und abgeflacht; das Lager wurde von drei Deicharbeitersiedlungen ersetzt, die von der ,,Schleswig-Holsteinischen Landgesellschaft" finanziert wurden. Außer den drei Wasserwerkerfamilien auf der Westerwarft gab es 1955 auf Hooge eine weitere Familie, die ihren Lebensunterhalt beim damaligen Marschenbauamt Husum verdiente. Auf Langeneß waren es im gleichen Jahr bereits zehn, auf Oland vier, auf Gröde zwei, auf Nordstrandischmoor zwei, auf Südfall und Süderoog je ein Wasserwerker, so daß 1955 die stattliche Anzahl von 24 Halligleuten (mit Wohnsitz auf den Halligen) bei Küstenschutz- und Landgewinnungsarbeiten mitwirkten.

Auf diese Weise wurde das seinerzeitige Marschenbauamt Husum zum größten Arbeitgeber auf den Halligen und leistete somit einen wesentlichen Beitrag für die wirtschaftliche Stabilisierung auf den Halligen — dies gilt uneingeschränkt auch für die heutige Zeit, zumal sich die genannte Zahl mit Hilfe von Mitteln aus dem staatlichen Fond für ,,Arbeitsbeschaffungsmaßnahmen" (ABM) inzwischen auf 36 erhöht hat.

Am aussichtsreichsten hätte man auf den Halligen wohl den Fremdenverkehr im Nebenerwerb betreiben können — doch fehlten dafür in den überalterten Hallighäusern jegliche Voraussetzungen.

Sturmflut am 24. 11. 1981 – Hooge mit der Volkertswarft

Blick von der Kirchwarft auf die Ockelützwarft, Hooge

IV. Halligsanierungsprogramm 1961–67 im Rahmen des „Programm Nord"

1. Die gutachterliche Stellungnahme des „Küstenausschusses Nord- und Ostsee" aus dem Jahre 1956

In den beiden vorangegangenen Kapiteln wurde die Entwicklung der Halligen in früheren Zeiten dargestellt. Auch dort wurde bereits über staatliche Maßnahmen zur Sicherung der Halligkörper berichtet – es bedarf zu Beginn dieses Kapitels jedoch der deutlichen Feststellung, daß Wiederaufbau von Häusern (z. B. nach Sturmfluten) und Erhaltung der Warften stets private Angelegenheiten der Halligbewohner gewesen waren. Eine staatliche Unterstützung, wie sie etwa zum Erhalt der Seedeiche aufgebracht wurde, erhielten die Halligbewohner nicht.

Die schon im 19. Jahrhundert, besonders aber von Friedrich Müller geäußerte Meinung, daß der Erhalt der Halligen unverzichtbare Maßnahme im System des Küstenschutzes an der schleswigschen Westküste sei, wurde im 20. Jahrhundert durch wasserbautechnische Forschungen bestätigt. Mithin war es fortan nicht mehr tragbar, den Erhalt der Warften allein ihren Bewohnern zu überlassen. Zudem setzte sich die Ansicht durch, daß nur bewohnte Halligen die ihnen zugedachten Küstenschutzfunktionen erfüllen können. Eine „Entsiedelung" der Halligen wäre auch vom wirtschaftlichen wie moralischen Standpunkt her überaus problematisch gewesen.

Da die Halligen also Lebensräume für Menschen sind, ist deren Leben bei Sturmfluten ebenso zu schützen wie das der Menschen hinter den Seedeichen des Festlandes oder der eingedeichten Inseln. Damit wird aber die Erhaltung der Warften und deren Anpassung an die möglichen Sturmfluthöhen zu einer eindeutig staatlichen Aufgabe – denn die Funktion der Seedeiche haben auf den Halligen die Warften, die seit Jahrhunderten Fluchtburgen für Menschen und Vieh vor den Gewalten des „Blanken Hans" sind.

Die Erfahrungen aus der Holland-Sturmflut von 1953, die ja bekanntlich als eine ungeheure Katastrophe in die Geschichte der Niederlande einging, veranlaßte die Halligbewohner (übrigens übereinstimmend mit der schleswig-holsteinischen Landesregierung), ein wissenschaftliches Gutachten über die notwendigen Schutzmaßnahmen auf den Halligen einzuholen. Die damit beauftragte Arbeitsgruppe Küstenschutz des „Küstenausschusses Nord- und Ostsee" legte am 1. 4. 1956 eine „Gutachterliche Stellungnahme zur Anpassung der Warften auf den nordfriesischen Halligen an die heute möglichen Sturmfluthöhen" vor. Darin wurden die schlimmsten Befürchtungen der Halligbewohner bestätigt: Mit Ausnahme der 1939 erhöhten Warft auf Oland und der 1954 erhöhten Westerwarft auf Hooge waren alle bestehenden Warften den möglichen Sturmfluthöhen nicht mehr gewachsen!

Um Maßnahmen vorschlagen zu können, die den Mindestanforderungen an einen sicheren Schutz des Lebens auf den Halligen genügten, untersuchten die Gutachter vier Möglichkeiten:

„1. *Die Erhöhung aller bewohnten Warfen* auf etwa 1,50 m über dem ‚maßgebenden Sturmflutwasserstand‘ und die *Ausbildung von flachen Warfböschungen* in der Form neuzeitlicher Seedeiche. Eine solche Erhöhung würde
eine entsprechende Anhebung der Gebäude erfordern. Da dies der schlechte
bauliche Zustand der meisten Gebäude jedoch nicht gestattet, müßte mit ihrem völligen Abbruch und Neuaufbau gerechnet werden. Gesamtkosten rund
13 Mio. DM.

2. *Bau eines geschlossenen Ringdeichs* oben um jede Warf mit einer Kronenhöhe von 2 m über dem ‚maßgebenden Sturmflutwasserstand‘. *Ausbildung
flacher Warfböschungen* wie zu 1. In diesem Falle könnten die Gebäude un-
verändert erhalten bleiben. Für die Anfahrt zur Warf müßte der Ringdeich
verschließbare Durchlässe (Stöpen) erhalten. Gesamtkosten rund 10 Mio.
DM.

3. *Bau eines Teilringdeiches auf jeder Warf als Wellenbrecher* gegen Nord-
west, West und Südwest mit einer Kronenhöhe von 1,50 m über dem ‚maßgebenden Sturmflutwasserstand‘. *Ausbildung flacher Warfböschungen* wie zu 1.
Keine Gebäudeanhebung, dafür aber Neubau erhöhter und sicherer *Fluchtstätten* für die Bewohner. Die Fluchtstätten können entweder freistehende
Gebäude sein, die an geeigneter, von allen Häusern gut erreichbarer Stelle so
zu bauen sind, daß sie weder unterspült noch vom Wellenangriff oder Sturm
zerschlagen werden könnten, oder sie werden in oder an den bestehenden
Häusern errichtet. Die Fluchtstätten müssen so hoch liegen, daß die Bewohner der Warf, vor den höchsten Wasserständen geschützt, bei Orkanfluten
auch bei Zerstörung der übrigen Gebäude überleben können. Gesamtkosten
je nach Bauart der Fluchtstätten (An- oder Einbau oder freistehend) zwischen
rund 4,6 und 5,8 Mio. DM.

4. *Nur Verbreiterung der Warfoberfläche, Ausbildung flacher Warfböschungen* wie zu 1. und Bau von *Fluchtstätten* wie zu 3. Gesamtkosten rund
1,75 bis 3,0 Mio. DM." (Aus: Die Küste 1957, Heft 1, S. 132)

Die Gutachter legten auch eine Zusammenstellung der überschlägigen Kosten vor, die für die jeweiligen Lösungen benötigt worden wären (vgl. hierzu
Tab. 2).

In der Bewertung der Alternativen kamen die Gutachter zum Ergebnis:
Von Lösung 2 wurde aus technischen und wirtschaftlichen Gründen abgera-
ten; die wirksamste Lösung, nämlich Alternative 1 (Erhöhung aller Hallig-
bauten), schied „als planmäßige Sofortmaßnahme wegen der hohen Kosten
und wegen Zerschlagen der Wohnkultur" ebenfalls aus. Deutlich wurde jedoch die Notwendigkeit von Warftabflachungen unter allen Umständen her-
ausgestellt und ansonsten die Beurteilung der Situation jedes Einzelfalles, d.
h. jedes einzelnen Haushaltes, vorgeschlagen. Wesentlich ist das Schlußwort
der Gutachter, in dem betont wird: „Die Erhaltung der Halligen ist eine staatliche Aufgabe. Sie ist nur möglich, wenn die Halligen bewohnt sind. Infolge-
dessen ist es erforderlich, auch die notwendigen Vorkehrungen für die Sicherheit der Halligbewohner bei Sturmfluten als staatliche Aufgabe zu behandeln
und im Hinblick auf die bestehende Gefahr baldigst durchzuführen."

Tab. 2: Lösungsmöglichkeiten für den sicheren Schutz des Lebens auf den Halligen

HALLIG	LÖSUNG 1 Warfterhöhung und Anheben der Gebäude	LÖSUNG 2 Schutz der Gebäude durch einen vollen Ringdeich	LÖSUNG 3 Schutz der Gebäude durch den Bau eines Drittels des Ringdeichs (Südwest bis Nordwest) u. Herstellung freistehender Fluchthäuser	LÖSUNG 4 Warfverbreiterung (Südwest bis Nordwest) mit flachen Böschungen u. Herstellung freistehender Fluchthäuser	BEMER-KUNGEN
Nordmarsch-Langeneß	6 195 000	5 110 000	2 885 000	1 490 000	
Hooge	4 765 000	2 710 000	1 740 000	850 000	
Gröde	470 000	360 000	305 000	160 000	
Nordstrandischmoor	805 C00	880 000	460 000	240 000	
Oland	–	–	–	–	1939 erhöht
Habel	170 000	220 000	115 000	60 000	
Hamburger Hallig	170 000	220 000	115 000	60 000	
Südfall	195 000	220 000	115 000	60 000	
Süderoog	220 000	220 000	115 000	60 000	
Gesamtkosten	12 990 000	9 940 000	5 850 000	2 980 000	

Bei Einbau oder Anbau von Fluchträumen anstelle des Neubaus freistehender Fluchträume
ermäßigen sich die Gesamtkosten bis auf   4 600 000   1 730 000

2. Vorarbeiten für einen Halligplan und die Übernahme in das „Programm Nord"

Das Gutachten des Küstenausschusses hatte also die Dringlichkeit von Hilfsmaßnahmen für die Halligen in gebotener Offenheit ausgedrückt. Dementsprechend begann man in den zuständigen Behörden in Kiel und Husum prompt mit den Vorarbeiten für umfassende Baumaßnahmen – man sprach damals von der Vorbereitung eines „Halligplanes". Das Ergebnis legte das Marschenbauamt Husum in Form eines auf 10 Jahre angelegten Planes „zur Errichtung sogenannter Schutzhäuser" vor. Das dafür vorgesehene bzw. benötigte Finanzvolumen belief sich auf 3,0 Mio. DM und sollte im wesentlichen aus Bundeszuschüssen zur Förderung des Küstenschutzes abgedeckt werden. In der Ausführung sollte der Husumer Plan weitgehend der Alternative 4 des Küstenausschuß-Gutachtens entsprechen – mit einem Kostenaufwand von 1,74 Mio. DM sollten 58 Gemeinschaftsschutzhäuser errichtet werden und der andere Teil der veranschlagten Summe, nämlich 1,26 Mio. DM, sollte für „Warftverbreiterung und Unvorhergesehenes" bereitgestellt werden.

Als Erstmaßnahme wurde im Jahr 1957 auf Süderoog für ungefähr 65 000 DM ein Schutzhaus errichtet, dessen Schutzraum immerhin für die Aufnahme von 150 Jugendlichen konzipiert wurde. Allerdings stieß der Plan zur Errichtung von Gemeinschaftsschutzräumen auf den größeren Halligen auf erhebliche Widerstände. Wie in einem Zwischenbericht „Über den Stand der Vorarbeiten für einen Halligplan" des Kieler Landwirtschaftsministeriums vom 3. Juni 1958 nachzulesen ist, begründete sich der Protest auf die Befürchtung, die Schutzhäuser könnten im Falle einer Katastrophe nicht unter allen Umständen von jedem Gehöft aus erreicht werden. Weiterhin wurde bezweifelt, daß die neugeschaffenen Räume von den einzelnen Familien im Normalfall hätten wirtschaftlich genutzt werden können.

Als Alternative zum Bau von Schutzhäusern wurde daraufhin vom Marschenbauamt Husum die Errichtung von Schutzräumen in den ca. 100 vorhandenen Halligerhäusern vorgeschlagen. Zwar hätte auch dieses Vorhaben den abgesteckten Finanzrahmen von 1,74 Mio. DM nicht überschritten – der Plan sollte jedoch an den Vergabebedingungen der Bundesmittel scheitern, die ja das Rückgrat der Finanzierung waren: diese Mittel zur Förderung des Küstenschutzes durften nur an öffentlich-rechtliche Körperschaften vergeben werden, nicht aber an Privatpersonen „verteilt" werden. So mußten sogar die Mittel durch das Land Schleswig-Holstein zurückerstattet werden, die in den Schutzhausbau auf Süderoog geflossen waren. Somit konnte der Plan des Marschenbauamtes nicht in der vorgesehenen Weise verwirklicht werden; die Verantwortlichen mußten sich nach neuen Finanzierungsmöglichkeiten umsehen.

Das durch den Ausfall der Bundesmittel erforderlich gewordene neue Überdenken des Halligplanes führte bald zu der weitergehenden Erkenntnis, daß die staatlichen Hilfsmaßnahmen für die Halligen sich nicht auf die Finanzierung von Schutzraumbauten und Warftverbreiterung allein würden beschränken lassen. Vielmehr gab es eine Anzahl von besorgniserregenden Signalen (z. B. die hohen Abwanderungszahlen), die auch die Einbeziehung von Maßnahmen zur Verbesserung der Wirtschafts- und Lebensbedingungen auf den Halligen notwendig machten. Denn während in der übrigen Bundesrepublik in den 50er Jahren schon ein beachtlicher Wohlstand herrschte, mußten die rund 500 Halligbewohner nicht nur wegen der halligtypischen Bedingungen zum größten Teil extensive Gründlandwirtschaft betreiben, sondern sie mußten dazu noch *unter völlig unzeitgemäßen Bedingungen* um ihren kargen Betriebsertrag kämpfen: Die Stallungen waren beengt, einen Anschluß an das Wassernetz des Festlandes gab es nicht und deswegen auch keine Molkerei oder Milchentrahmungsanlage, die inneren Verkehrsverhältnisse waren katastrophal und 75 % der Halliggebäude hatten ein Alter von über 100 Jahren und waren nach Einschätzung des Husumer Kreisbauamtes schlichtweg abbruchreif. Im Jahr 1957 erreichten nur 10 % der Halliggehöfte die als ideal angesehene Betriebsgröße von 50 ha, Land zum Zukauf oder zur Zupacht stand kaum zur Verfügung und der durchschnittliche Reinverdienst eines Halligbauern lag bei nur ca. 1000 DM jährlich.

Diese kurze Schilderung mag zur Verdeutlichung des Entwicklungsgefälles vom Festland zu den Halligen genügen und gleichzeitig zur Kennzeichnung der Not, die viele Halligmenschen trotz tiefer innerer Verbundenheit mit ihrer Heimat zum Fortzug aufs Festland zwang.

Altes Halliggehöft auf Hooge im Jahre 1958

Baufälliges Wirtschaftsgebäude auf Langeneß im Jahre 1958 – unter derartigen Verhältnissen konnte Landwirtschaft auf den Halligen nicht lohnend betrieben werden

Diese Situation veranlaßte den Kreis Husum, zu dem die Halligen seiner-zeit politisch gehörten (seit 1970: Kreis Nordfriesland), sich aktiv in die Diskussion um den Halligplan einzuschalten. Am 1. Juni 1959 legte der Husumer Landrat Borzikowsky einen Bericht „Über dringende Maßnahmen zur Förderung der Wirtschaftskraft auf den Halligen" vor. Darin unterstrich der Kreis Husum die Notwendigkeit, die Halligbewohner „im Interesse der Halligen und des dahinter liegenden Festlandes" seßhaft zu machen. Die Vorstellungen des Kreises zielten auf eine Verbesserung der Wirtschaftskraft der Halligen ab, wobei sowohl die Landwirtschaft als auch — als zukunftsträchtiger Erwerbszweig — der Fremdenverkehr besondere Förderung erfahren sollten. Der Fremdenverkehr war zu jener Zeit auf den Halligen, mit Ausnahme des Tages-Ausflugtourismus, praktisch unbedeutend, da nur wenige Individualisten über die baulichen und sanitären Mißstände sowie die fehlende Infrastruktur hinwegzusehen bereit waren.

Im einzelnen führte der Bericht des Kreises folgende vordringliche Maßnahmen an:

„a) *Zur Hebung der Leistungskraft der bäuerlichen Betriebe:*
1. Fortsetzung der Deichschutz- und Ufersicherungsmaßnahmen einschließlich der Warftabflachungen und Warfterhöhungen.
2. Wasserversorgung auf den Halligen Hooge, Langeneß, Oland und Nordstrandischmoor.
3. Straßenbau (Muster: Straßenbau Langeneß).
4. Elektrifizierung auf der Hallig Hooge.
5. Landwirtschaftliche Maßnahmen, wie z. B. Silobau, Begrüppelung, Einrichtung zentraler Milchverwertungsstationen.
6. Bauliche Maßnahmen zur Verbesserung der Wohnhäuser, der Stallungen und der Maschinenräume. Hierzu gehört auch die Errichtung von Schutzräumen.
Der Baubedarf ist nach den Bedürfnissen der Einzelbetriebe auszurichten. Er wird wesentlich von dem Ausmaß der erwarteten Ertragssteigerung bestimmt, das sich jedoch nur schwer schätzen läßt.

b) *Zur Förderung des Fremdenverkehrs:*
Der Umfang des Fremdenverkehrs hängt entscheidend von der Durchführung der Maßnahmen zu a), insbesondere der Wasserversorgung ab. Darüber hinaus ist eine nachhaltige Werbung für den Fremdenverkehr, vor allem aber eine Verbesserung der Schiffsverbindungen erforderlich. Zur Verbesserung der Schiffsverbindungen gehört der Bau von Anlegestellen oder Häfen. Für die privaten Schiffer, die auf den Halligen zahlreich vertreten sind, würde die Verbesserung der Schiffsverbindungen und die damit zu erwartende sommerliche Zunahme des Besucherstromes eine beachtliche Erwerbsquelle bedeuten." *

---

* aus: Bericht des Kreises Husum „Über dringende Maßnahmen zur Förderung der Wirtschaftskraft auf den Halligen", 1959, S. 19.

Zur fundierten Beurteilung der Situation auf den Halligen und der notwendigen Entwicklungsmaßnahmen wurde eine Reihe von Untersuchungen, Bereisungen und Gutachten durch Kieler und Husumer Behörden bzw. in deren Auftrag durchgeführt. In diesem Zusammenhang sollen in Auswahl folgende Unterlagen erwähnt werden, die damals erstellt wurden:

— Das Ministerium für Ernährung, Landwirtschaft und Forsten in Kiel führte eine großangelegte Befragung von 104 Haushaltungen (= 88,5 % der landwirtschaftlichen Haushalte) auf den Halligen Langeneß, Hooge, Gröde, Nordstrandischmoor und Oland durch, die die wirtschaftliche Situation auf den Halligen sehr detailliert erfaßte. Die Ergebnisse wurden in einem umfassenden Bericht (,,Über die derzeitigen Verhältnisse auf den Nordfriesischen Halligen und Vorschläge für eine wirtschaftliche Neuordnung") im Jahre 1959 vorgelegt.

— Im Auftrag des Kreises Husum erstellte der Leiter des Beratungsringes Nordstrand und Pellworm, Dipl.-Landwirt Hadenfeldt, im Juni 1960 ein ,,Gutachten über die Möglichkeiten zur Verbesserung der landwirtschaftlichen Verhältnisse auf den Halligen".

— Zur Ermittlung der tragbaren Eigenleistung der Halligbewohner im Rahmen der geplanten Baumaßnahmen fertigte die Landwirtschaftsschule und Wirtschaftsberatungsstelle in Bredstedt im Oktober 1960 ein ,,Gutachten über die tragbare Belastung bei Bauvorhaben im Rahmen der Halligsanierung" an.

Wenn auch nach diesen vorbereitenden Überlegungen bzw. Planungen wesentlich klarer war, mit welchen gezielten Maßnahmen die Lebens- und Erwerbssituation auf den Halligen derjenigen auf dem Festland angeglichen werden könnte, war damit das Hauptproblem, nämlich die Finanzierung der Maßnahmen, noch immer ungeklärt.

Als Lösung bot sich schließlich die Integration des Halligplanes in ein bestehendes großräumiges Programm an, das auch anderen Teilräumen des nordwestlichen Landesteils Schleswig bereits beachtliche Landeskultur — und Entwicklungsmaßnahmen gebracht hatte — nämlich das ,,Programm Nord". Dieses war am 24. 2. 1953 durch Kabinettsbeschluß der schleswig-holsteinischen Landesregierung unter dem damaligen Ministerpräsidenten Friedrich-Wilhelm Lübke ins Leben gerufen worden mit der Aufgabe, die Erschließung der notleidenden Gebiete des Landesteils Schleswig im Interesse der Landeskultur vordringlich durchzuführen. Koordinator aller ,,Programm-Nord"-Maßnahmen war die am 30. 3. 1955 gegründete ,,Schleswig-Holsteinische Landgewinnungs- und Erschließungs GmbH", die später selbst den Namen ,,Programm-Nord GmbH" erhielt. Damalige Gesellschafter waren die Bundesrepublik Deutschland, das Land Schleswig-Holstein sowie die Kreise Südtondern, Husum und Flensburg. In der entscheidenden Sitzung am 5. 5. 1960 befaßte sich der Aufsichtsrat der Gesellschaft mit der Frage der Sanierung von Halliggehöften in Verbindung mit der Errichtung von Hochwasserschutzräumen und genehmigte grundsätzlich die Gewährung von Bundes- und Landessondermitteln Nord für diese Aufgabe, womit der Weg für eine grundlegende

Halligsanierung geebnet war. Ihren Niederschlag fanden die Bemühungen um einen gangbaren Weg dieser Sanierung schließlich im Jahre 1961 in der Aufstellung des langerwarteten Halligplanes, der als 10-Jahres-Programm beschlossen wurde.

3. Das Anlaufen des Sanierungsprogramms im Jahr 1961

Im Jahr 1961 lief das „Programm zum Schutze der Halligbewohner und zur Verbesserung ihrer Lebensverhältnisse" an. Vorgesehen war, innerhalb von 10 Jahren bei 100 Betrieben mit einem Kostenaufwand von 8 bis 10 Mio. DM für eine sichere und einigermaßen zeitgemäße Bewirtschaftungsgrundlage zu sorgen. Die Sanierung der Halliggehöfte basierte auf Vorlagen des Kreisbauamtes Husum, seinerzeit unter Leitung des Kreisbaumeisters Zitzmann, der in einem Vermerk vom 27. 4. 1961 den Umfang der notwendigen Baumaßnahmen zusammenstellte:

- Neubau der gesamten Gebäude bei 15 Betrieben (mit eingebautem Schutzraum)
- Einbau von Schutzräumen und Umbau der Gebäude bei 65 Betrieben
- Anbau eines Schutzraumes bei 20 Betrieben.

Die Koordination der Einzelprojekte wurde fortan Aufgabe des „Programm Nord", die Federführung für die vorgesehenen Maßnahmen erhielt der Kreis Husum und die finanzwirtschaftliche Betreuung wurde in die Hände der Wohnungsbaukreditanstalt des Landes Schleswig-Holstein, Zweigstelle Flensburg, gelegt. Der Startschuß fiel noch im Jahre 1961 für fünf Baumaßnahmen, und zwar wurde mit drei Neubauten auf Nordstrandischmoor, einem Umbau auf Oland und einem Neubau auf Langeneß begonnen.

Richtfest auf Nordstrandischmoor – mit fünf Baumaßnahmen wurde das umfangreiche Sanierungsprogramm im Jahre 1961 eröffnet

56

Der Aufwand für die Gründungs-Arbeiten sturmflutsicherer Hallig-Gebäude ist erheblich

Die Baumaßnahmen auf Nordstrandischmoor waren vom Kreisbauamt Husum in sehr vorausschauender Weise wegen der niedrigen Warften und der extrem schlechten Bausubstanz als besonders dringend eingestuft worden, weswegen hier mit dem Gebäude- und Schutzraumneubau begonnen wurde. Bei den Schutzräumen dienten die schon durchgeführten Maßnahmen als Modell − neben der schon erwähnten auf Süderoog war es je eine auf Südfall und Langeneß.

Der Schutzraumtyp, der allgemein Verwendung fand, wird von vier Betonpfählen getragen, die 4 Meter tief in den Warftboden eingelassen sind. Die Sohle des Schutzraumes liegt ungefähr 2 Meter über der Warftfläche, d. h. 6−6,5 Meter über NN.

Die Kosten für die ersten fünf Vorhaben waren von der Wohnungsbaukreditanstalt im Oktober 1961 auf 765 350,− DM veranschlagt worden. Recht schnell wurden die erheblichen Mehrkosten deutlich, die bei den Baumaßnahmen auf den Halligen gegenüber Festlandswerten einkalkuliert werden mußten − Ursachen dafür waren unter anderem:

− Der Transport der Baumaterialien erforderte mehrmaliges Umladen, nämlich vom LKW aufs Schiff und anschließend auf Halligfuhrwerke.
− Erschwerte, zum Teil sehr schwierige Löschmöglichkeiten für die Materiallieferungen auf den Halligen.
− Schlechte Transportmöglichkeiten für das Material wegen der mangelhaften Wegeverhältnisse auf den Halligen.

Das Betonskelett für den Fluchtraum ist fertig – die vier Pfeiler reichen 4 m tief in den Warftboden hinein

Deutlich ist der angebaute Fluchtraum bei diesem Wohnhaus zu erkennen – selbst bei völliger Zerstörung des übrigen Gebäudes bietet er eine sichere Zufluchtstätte

- Die Halligen Langeneß und Oland sowie Hooge waren zwar mit dem Stromnetz des Festlandes verbunden, nicht so aber die Halligen Nordstrandischmoor und Gröde. Daher konnten die Bauunternehmer auf diesen beiden Halligen ihre elektrischen Maschinen nicht einsetzen, sondern mußten unwirtschaftliche, ältere Baumaschinen verwenden.
- Für die Bauunternehmer stellte sich das Problem, Arbeitskräfte vom Festland anwerben zu müssen, was mit zusätzlichen Kosten verbunden war. Außerdem war eine Risikoversicherung gegen Sturmflutschäden einzukalkulieren.

Der Zuschlag, der sich bei den Baukosten auf den Halligen gegenüber dem Festland ergab, wurde im „Programm Nord"-Jahresbericht 1961 mit 30 bis 35 % für die Halligen Langeneß und Oland, mit 40 bis 45 % für die Hallig Hooge und sogar mit 50 bis 55 % für die Halligen Gröde und Nordstrandischmoor beziffert.

Trotzdem konnte das Programm, zur Beruhigung der Halligbevölkerung, mit „voller finanzieller Rückendeckung" vorangetrieben werden, insbesondere nachdem in einem „Gipfelgespräch" zwischen Bundeslandwirtschaftsminister Schwarz, Ministerpräsident von Hassel und anderen Vertretern aus Bund und Land am 9. 8. 1961 bezüglich der Finanzierung der Halligsanierung „eine klare Linie" – wie Minister Schwarz es ausdrückte – geschaffen worden war: Land und Bund stellten sich der Verantwortung, die ihnen durch die Mißstände auf den Halligen auferlegt war.

4. Die Sturmflut 1962 und die beschleunigte Abwicklung des Sanierungsprogramms in den Jahren 1962–67

Nachdem also im Jahr 1961 die ersten Baumaßnahmen des Halligplanes in Angriff genommen bzw. abgeschlossen waren, stellte die Natur die Notwendigkeit der Sanierungsmaßnahmen schon im darauffolgenden Jahr durch eine verheerende Katastrophe unter Beweis: Besonders am 16./17. 2. 1962 wurden die Anlagen des Küstenschutzes an der gesamten Nordseeküste und besonders auch auf den Halligen einer schweren Probe unterzogen. Eine Schilderung über die Folgen für die Halligen soll einem Bericht des Kreisbauamtes Husum vom 20. 3. 1962 entnommen werden:

„Das Hochwasser der Nordsee war an den vorgenannten Tagen rund 4,00 m über Gewöhnlich Hochwasser und überflutete infolge der niedrigen Lage der Warften auf den Halligen nicht nur das Land, sondern fast alle Wohn- und Wirtschaftsgebäude. Je nach Höhe der Warft, stand das Wasser bis 1,40 m hoch in den einzelnen Gebäuden, so daß das gesamte Mobiliar einschließlich Betten beschädigt und zum größten Teil unbrauchbar geworden ist.

Das Kleinvieh, soweit es nicht rechzeitig auf den Dachboden gebracht worden ist, ertrank.

Durch die Wucht der Wellen schlugen Mauern, die bereits rissig waren, ein. In zwei Fällen wurden sogar neue Stallmauern eingeschlagen.

Die Einwohner selbst, die bis zuletzt im Wasser stehend auf das Vieh achten müssen, konnten sich nur auf den Dachboden und in einigen Fällen nur auf

Nach der Sturmflut vom 16./17. 2. 1962 auf Neu-Peterswarft, Langeneß – die Familie hatte auf dem Heudiemen (rechts im Bild) Schutz suchen müssen

dem Dach retten. In einem Falle mußte eine junge Familie mit einem zwei Monate alten Kind nach Einsturz des Hauses auf einem noch stehenden Heudiemen Zuflucht suchen und dort mehrere Stunden aushalten.

Anders sah es aus auf den Warften, auf denen die Erhöhung der Gebäude und der Bau eines Schutzraumes im Zuge der Sanierung erfolgt ist. Hier sind, abgesehen von kleinen Dachschäden, weder Vieh noch sonstiger Hausrat verlorengegangen. Weiter muß hierzu festgestellt werden, daß z. B. die Familie Kruse auf Nordstrandischmoor mit 8 Köpfen nur dadurch gerettet werden konnte, weil sie in dem 1961 erhöhten Gebäude und hier wiederum in dem eingebauten Schutzraum sichere Zuflucht fand. Ähnlich lagen die Verhältnisse bei den vorhandenen Schutzräumen auf Langeneß, Oland, Süderoog und Südfall.

Bei der Sturmflut stellte sich weiter heraus, daß die Gebäudeschäden auf denjenigen Warften verhältnismäßig gering waren, deren Böschung bereits durch das Marschenbauamt Husum abgeflacht wurden."

Bei einer Besichtigung vor Ort stellte das Kreisbauamt fest, daß auf den Halligen 56 Wohnungen so stark beschädigt worden waren, daß eine Erneuerung in den nächsten Jahren erfolgen mußte. Weitere 123 Gebäude waren durch Reparaturen nur vorübergehend wieder bewohnbar zu machen, mithin zum großen Teil ebenfalls dringend erneuerungsbedüftig.

Angesichts dieser Situation wurde eine Revision des 10-Jahres-Programms erforderlich. Der Kreis Husum beantragte bei der „Schleswig-Holsteinischen Landgewinnungs- und Erschließungs GmbH", die vorgesehenen Bauvorhaben entgegen den ursprünglichen Planungen bereits bis 1966 oder 1967 abzuwickeln und den jährlichen Finanzrahmen des Halligsanierungsprogramms von 1 Mio. auf 2,50 Mio. DM auszuweiten. Dabei wurde besonders darauf hingewiesen, daß zahlreiche Neubauten auch dort notwendig geworden waren, wo man vorher lediglich einen Umbau geplant hatte.

Diesen Vorstellungen wurde im Rahmen des „Programm Nord" Rechnung getragen − nicht zuletzt deswegen, weil die bereits sanierten Gebäude während der Sturmflut 1962 den Gegenwert der Investitionen erwiesen hatten. Es muß hier noch einmal hervorgehoben werden, daß die Bewohner von Nordstrandischmoor die Sturmflut bei altem Warft- und Gebäudezustand schwerlich überlebt hätten! So wurde ein neuer Gesamtplan aufgestellt, der die vorgesehenen Maßnahmen auf die Jahre 1963−1967 zusammendrängte und, außer den begonnenen Maßnahmen, 77 Bauvorhaben mit einem Kostenaufwand von rund 14,9 Mio. DM vorsah. Das erforderliche Kapital für die Baumaßnahmen wurde durch Mittel von Bund und Land, durch Eigenleistung der Betroffenen sowie durch Darlehen (aus dem „Grünen Plan", aus Mitteln für den sozialen Wohnungsbau und teilweise auch vom freien Kapitalmarkt) bereitgestellt. Die Sondermittel Nord durften bei keinem Bauvorhaben 40 % der Gesamtkosten übersteigen; die Belastung der Betroffenen lehnte sich an die Werte des von der Landwirtschaftsschule und Wirtschaftsberatungsstelle Bredstedt eingeholten Gutachtens an. Wie aus dem „Programm Nord"-Jahresbericht 1963 hervorgeht, wurde die jeweilige Obergrenze der finanziellen Belastbarkeit der Halligbauern über einen Grundbetrag je Hektar Landfläche ermittelt − dieser betrug für Hooge 60, für Langeneß 45, für Oland 40 und für Gröde 30 DM pro Hektar. Zusätzlich wurden natürlich die Nebeneinkünfte der Betriebe berücksichtigt.

Erste Erfolge der Sanierungsmaßnahmen vermeldete bereits der „Programm-Nord"-Jahresbericht 1964: Die Attraktivität der Halligen für den Fremdenverkehr sei bereits spürbar erhöht worden, so daß auch die zweite Zielvorstellung der Sanierungsmaßnahmen neben der Sturmflutsicherung, nämlich die Verbesserung der Erwerbsmöglichkeiten, rasche Bestätigung fand. Auch von der Lokalpresse und den Betroffenen selbst wurden die positiven Wirkungen ausgiebig gewürdigt.

Neben der Sanierung der Gebäude war auch der im Rahmen und mit Zuschüssen des „Programm Nord" vorgenommene Anschluß der Halligen Oland und Langeneß an die festländische Wasserversorgung im Jahr 1964 ein wichtiges Ereignis. Weiterhin nahm die Landwirtschaft einen starken Auftrieb − seit 1965 konkretisierten sich auch die Pläne, Halligrahm in gefrorenem Zustand an eine Festlandsmeierei zu liefern. (vgl. hierzu Kap. V, 1.).

Landrat Borzikowsky (ganz rechts) inspiziert den Fortgang der Sanierungsmaßnahmen auf Nordstrandischmoor – in Begleitung befindet sich der Husumer Bürgermeister Schlüter (2. v. r.); links neben den Gästen vom Festland August Petersen und Otto Siefert (ganz links)

Nach einer Besprechung zwischen dem Bundeslandwirtschaftsminister und Landrat Borzikowsky beteiligte sich seit 1965 auch der Kreis Husum selbst mit mindestens 5 % an den Baukosten – so kann man das Halligsanierungsprogramm zusätzlich als gelungenes Beispiel eines Gemeinschaftsprojektes von Bund, Land und kommunaler Körperschaft anführen.

In dieser Weise wurden bis einschließlich 1967 die Baumaßnahmen gefördert. Das ursprünglich auf 10 Jahre veranschlagte Programm war also - sogar in erweitertem Umfang – nach nur sieben Jahren erfüllt worden.

5. Bilanz der Sanierungsmaßnahmen bis 1967

In den Jahren 1961 bis 1967 wurden im Rahmen des „Programm Nord" insgesamt 74 Bauvorhaben (Wohn- und Wirtschaftsgebäude) gefördert. Dabei handelte es sich um Altgehöftsanierungen oder völlige Neubauten. In allen Fällen wurde ein Schutzraum des oben beschriebenen Bautyps errichtet.

Von den 74 geförderten Vorhaben entfielen auf:

Hallig Nordstandischmoor	3 Baumaßnahmen
Hallig Langeneß	30 Baumaßnahmen
Hallig Oland	7 Baumaßnahmen
Hallig Hooge	30 Baumaßnahmen
Hallig Gröde	4 Baumaßnahmen

Die Verteilung der Gesamtkosten von 12,67 Mio. DM auf die einzelnen Jahre und Finanzquellen geht aus Tabelle 3 hervor.

Tab. 3: Finanzierung des „Ersten Halligsanierungsprogramms"

Jahr	Anzahl der Vorhaben	Gesamt-kosten	Bundes-zuschuß	Landes-zuschuß	Eigenleistung und sonstige Mittel
1961	5	0,779	0,212	0,144	0,423
1962	14	2,574	0,891	0,445	1,238
1963	14	2,794	1,030	0,515	1,249
1964	11	2,475	1,000	0,500	0,975
1965	14	1,775	0,460	0,230	1,085
1966	9	1,282	0,377	0,094	0,811
1967	7	0,991	0,293	0,073	0,625
Gesamt	74	12,670	4,263	2,001	6,406

(Alle Angaben in Mio. DM)

Die Mittel für den Schutzraum wurden durch die Wasserwirtschaftsverwaltung des Landes Schleswig-Holstein bereitgestellt. Der Geschäftsführer der „Programm Nord GmbH", Ministerialrat v. Reinersdorff, beziffert den Aufwand für die oben genannten 74 Schutzräume (in den sanierten Gebäuden) sowie für 20 weitere Schutzräume auf rund 1,8 Mio. DM.

Neben dem fertiggestellten Neubau steht noch das alte Gebäude, kurz vor dem Abbruch – man sieht, um wieviel das neue Haus angehoben werden mußte

Altes Gehöft Johannsen / Praeger auf der Hunnenswarf, Langeneß, 1960 − bei der Sturmflut von 1962 stand das Wasser im Haus 90 cm hoch

Neues Haus Johannsen / Praeger − der Fußboden liegt auf dem Niveau der oberen Fenstersprosse des alten Hauses

Dem „Ersten Halligsanierungsprogramm" wäre aber kaum die große Zustimmung und die allgemeine Anerkennung zuteil geworden, wenn es sich allein auf die Gebäudesanierung beschränkt hätte. Nicht minder wichtig waren die zahlreichen flankierenden Maßnahmen, die vor allem im Rahmen und mit Zuschüssen des „Programm Nord" zur Verbesserung der Infrastruktur durchgeführt wurden. Neben dem oben erwähnten Anschluß der Halligen Oland und Langeneß an die Wasserversorgung vom Festland sind besonders zu erwähnen:

- der Bau neuer Anlegebrücken auf Gröde, Hooge und Langeneß (Übergabe durch das Wasser- und Schiffahrtsamt Tönning im Herbst 1963),
- der Bau von Straßen und Wegen,
- der Neubau der Schulen auf Langeneß und Hooge,
- die Installation von Dieselaggregaten zur Stromerzeugung auf den Halligen Gröde und Nordstrandischmoor im Jahr 1962,
- die Flurbereinigung auf Oland im Jahr 1963 (vgl. hierzu Abb. 8).

Von – im wahrsten Sinne des Wortes – fundamentaler Bedeutung aber waren die Arbeiten des Marschenbauamtes zur Warftverstärkung bzw. -abflachung. Diese verschlangen zwar in den Jahren 1960 bis 1968 über 4,0 Mio. DM, waren aber unabdingbare Voraussetzung für die Wirksamkeit aller anderen Maßnahmen hinsichtlich sicherer Lebensbedingungen auf den Halligen (vgl. hierzu Tab. 4). In diesem Zusammenhang muß der seinerzeitige Ltd. Regierungsdirektor Gottfried Puls genannt werden, unter dessen verdienstvoller Leitung das Marschenbauamt Husum die so wichtigen wasserwirtschaftlichen Arbeiten auf den Halligen durchführte.

Tab. 4: Baumaßnahmen zur Warftverstärkung und -abflachung

Zeitraum	Hallig	Anzahl der verstärkten Warften	Kosten je Hallig (in Mio. DM) gerundet
1961–1968	Hooge	9	1,032
1960–1968	Langeneß	17	2,051
1967	Oland	1	0,234
1967–1968	Gröde	1	0,609
1960–1963	Nordstrandischmoor	3	0,199
1962–1968	Süderoog	1	0,076
1968	Südfall	1	0,069
Gesamt	7	33	4,129

Mit dieser Bilanz der konzentrierten Hilfsmaßnahmen bis zum Jahr 1967 soll zwar das Ende des „Ersten Halligsanierungsprogramms" markiert werden – nicht aber das Ende öffentlicher Förderleistungen für die Halligen. Vielmehr wird das nachfolgende Kapitel eine Reihe von weiteren Unternehmen vorstellen, die nach 1967 bis in die Gegenwart die ständige Verbesserung der Lebens- und Erwerbsverhältnisse auf den Halligen bewirkten.

vor der Flurbereinigung

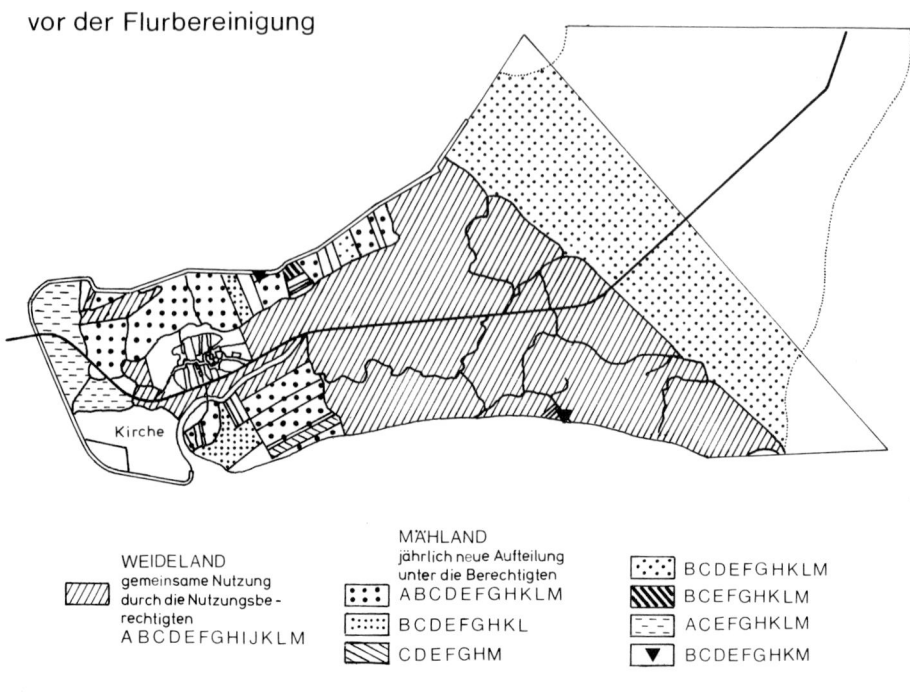

WEIDELAND
gemeinsame Nutzung
durch die Nutzungsbe-
rechtigten
A B C D E F G H I J K L M

MÄHLAND
jährlich neue Aufteilung
unter die Berechtigten
A B C D E F G H K L M
B C D E F G H K L
C D E F G H M

B C D E F G H K L M
B C E F G H K L M
A C E F G H K L M
B C D E F G H K M

nach der Flurbereinigung

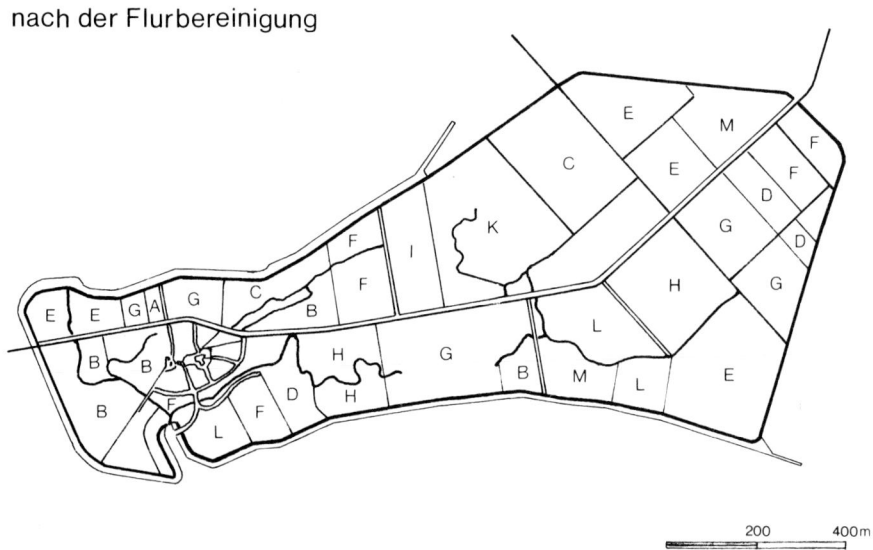

200   400 m

Abb. 8: Flurbereinigung auf Hallig Oland

66

V. Halligsanierung und Dorferneuerung nach 1967

1. Entwicklungsmaßnahmen und Infrastrukturverbesserung nach 1967

Im Jahr 1967 war ein Abschluß der gebündelten Sanierungs- und Entwicklungsmaßnahmen erreicht worden. Den Halligbewohnern war damit die Möglichkeit eröffnet, ihren Lebensunterhalt unter weitgehend sicheren und einigermaßen zeitgemäßen Bedingungen zu verdienen.

Dennoch blieb viel zu tun – sowohl für die Halligbewohner als auch für die Öffentliche Hand. Schon gleich nach dem Abschluß des „Ersten Halligsanierungsprogramms" wurde beispielsweise mit Windschutzpflanzungen begonnen – eine Arbeit, die im wesentlichen auf der Initiative der Halligleute beruhte. Des weiteren sind zahlreiche Um- und Ausbaumaßnahmen an den Gebäuden zu nennen – natürlich besonders in Hinsicht auf die Nutzung der Räumlichkeiten für den Fremdenverkehr.

Als nächste größere Infrastrukturverbesserungsmaßnahme wurde mit einem Kostenaufwand von ca. 0,75 Mio. DM die Hallig Hooge über Pellworm an das festländische Wassernetz angeschlossen; erstmals floß im November 1968 Trinkwasser des Wasserbeschaffungsverbandes Nord durch eine 3,4 km lange Doppelrohrleitung von Pellworm nach Hooge. Mußten die Halligleute anfänglich das Wasser noch bei der einzigen Zapfstelle auf der Ockenswarft entnehmen, so waren schon bald die Verteilerrohre auf der Hallig verlegt und die einzelnen Haushalte konnten an das Netz angeschlossen werden. Der Netzausbau auf der Hallig erforderte 300 000 DM; zusammen mit der notwendigen Druckerhöhungsstation (600 000 DM) waren also 1,6 Mio. DM für die Wasserversorgung auf Hooge investiert worden.

Nachdem die infrastrukturelle Ausstattung der größeren Halligen nunmehr als befriedigend bezeichnet werden konnte, ging es bei den folgenden Maßnahmen vor allem um die Verbesserung der Lebensverhältnisse auch auf den kleinen Halligen.

Innerhalb weniger Jahre wurde so die Hallig Nordstrandischmoor an die „Neuzeit" herangeführt – zu erwähnen sind in erster Linie folgende Entwicklungsmaßnahmen zwischen 1970 und 1975:

– Ein neues Schulhaus wurde 1970/71 auf der Amalienwarft errichtet. Unter einem Dach befinden sich in diesem modernen Gebäude der Klassenraum für die einklassige Schule sowie die Lehrerwohnung.

– Ein Anleger konnte im Jahr 1975 neu in Betrieb genommen werden. Zwar besteht kein Linienverkehr nach Nordstrandischmoor, doch wurde Ausflugsschiffen das Anlegen wesentlich erleichtert.

– Ebenfalls 1975 fand ein ganz besonderes Ereignis statt: Am 3. Oktober wurde die Strom- und Wasserversorgung der Hallig über Leitungen vom Festland aufgenommen – vorbei war damit auch auf Nordstrandischmoor die Zeit, in der Regenwasser gesammelt werden mußte. Ebenso hatte die Stromerzeugung mit dem teuren Dieselaggregat ein Ende. 700 000 DM

Schulneubau auf der Amalienwarft, Hallig Nordstrandischmoor – das Bild zeigt ebenfalls die Baumaßnahmen des Amtes für Land- und Wasserwirtschaft Husum zur Warftabflachung

hatte die Verlegung des Seekabels und 190 000 DM die der Rohrleitung gekostet. Allerdings ließen sich auch diese Maßnahmen mit den höchstmöglichen Zuschüssen aus dem „Programm Nord" finanzieren.

Knapp ein Jahr nach der mit viel Prominenz begangenen Feier auf Nordstrandischmoor anläßlich des erfolgten Wasser- und Stromanschlusses hatten schließlich die Bewohner der kleinen Hallig Gröde Grund zur Freude: Am 8. 8. 1976 wurden auch hier – wiederum dank dem „Programm Nord" – die Strom- und Wasserleitungen zum Festland in Betrieb genommen. Gefeiert wurde dieses Ereignis mit einem großen „Lichtfest". An Kosten hatte der Anschluß an das Leitungsnetz des Wasserbeschaffungsverbandes Nord 410 000 DM, der Anschluß an das Stromnetz der Schleswag ca. 500 000 DM verursacht. Allerdings brauchte die Schleswag wegen der hohen Zuschüsse nur rund ein Viertel der Baukosten für die 8,6 km lange Kabelstrecke zu übernehmen, wogegen sie für den Unterhaltungsaufwand der Leitung selbst verantwortlich ist. Für die 15 Menschen auf Gröde bedeutete der Anschluß an das Schleswag-Netz eine deutliche finanzielle Entlastung – wie ein Vorstandsmitglied dieses Stromversorgungsunternehmens bei einer Ansprache zum „Lichtfest" unterstrich, waren allein 1975 für fünf Häuser über 30 000 DM zum Kauf von Dieselkraftstoff für den Betrieb der Generatoren notwendig gewesen.

Strom für Hallig Nordstrandischmoor (1975) – die Verlegungsarbeiten durch das Watt waren mit großen technischen Schwierigkeiten verknüpft

Hallig Gröde erhält einen Wasseranschluß – bei auflaufendem Wasser wird das im Watt eingesetzte Gerät auf dem Troßschiff gesichert

Mit Spezialgeräten wird die Wasserleitung in das Watt eingepflügt

Seit 1976 sind also – mit Ausnahme von Süderoog, wo nur eine Familie lebt, – alle ganzjährig bewohnten Halligen an das festländische Wasser- und Energieversorgungsnetz angeschlossen. An dieser Stelle muß hervorgehoben werden, daß der Anschluß der Halligen den Trägern der Maßnahmen – also der Schleswag, den Wasserbeschaffungsverbänden Nord und Drei Harden, den beteiligten Ämtern und den ausführenden Firmen – ganz erhebliche, teilweise schwierigste erfinderische und organisatorische Leistungen abverlangten. Ohne das außerordentliche Engagement aller Beteiligten wäre den genannten Vorhaben unter den widrigen Verhältnissen des nordfriesischen Wattenmeeres sicher nicht der gleiche Erfolg beschieden gewesen. Wenn es sich beim Anschluß an das Wasser- und Stromversorgungsnetz des Festlandes auch um Maßnahmen handelt, die einem Festländer als selbstverständlich erscheinen – für die Halligleute hatten diese Maßnahmen einen ganz besonderen Stellenwert, zumal sie doch die Erfüllung langjähriger Wünsche und entscheidende Beiträge zum Abbau der geschilderten Disparitäten bedeuteten. Nicht zuletzt ist der Anschluß an Wasser- und Stromversorgung eine fundamentale Voraus-

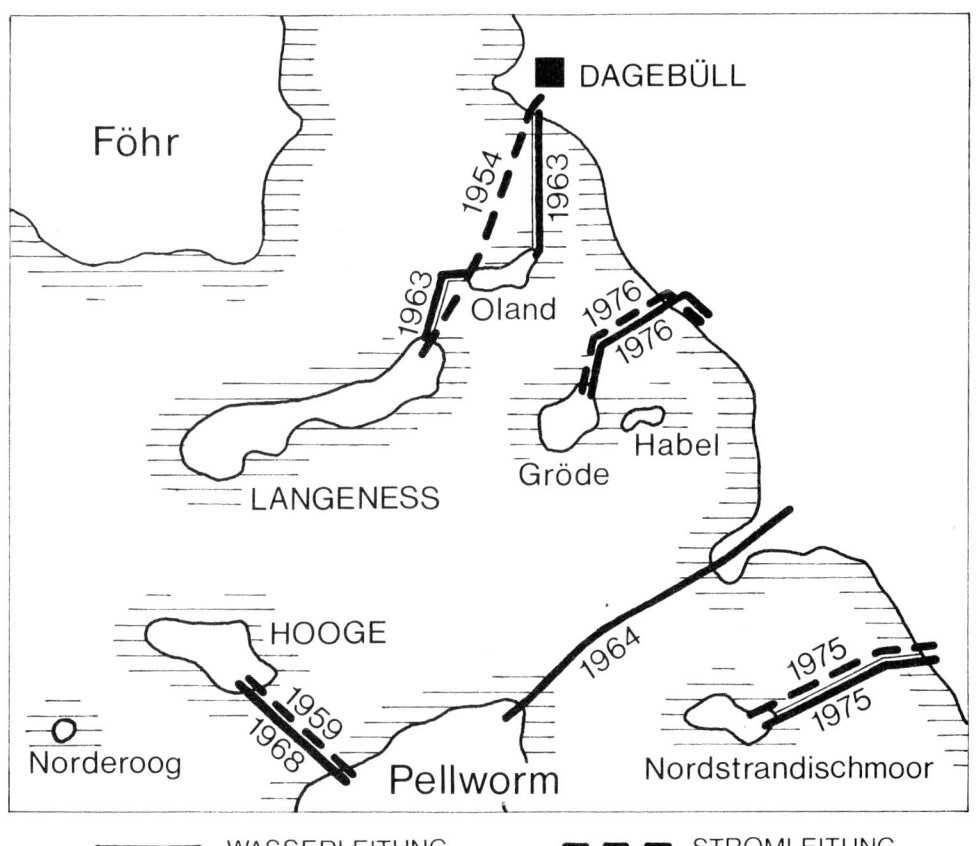

Abb. 9: Wasser- und Stromversorgungsnetz für die Halligen

setzung für einen organisierten Fremdenverkehr, der ja heute eine entscheidende Erwerbsquelle auf den Halligen ist (vgl. hierzu Kap. VI und VII). Insofern war die hohe finanzielle Beteiligung der „Programm Nord GmbH" im Grunde nur konsequent – denn dort hatte man schon sehr früh erkannt, daß auch und besonders derartige Maßnahmen, die die Erwerbssituation stabilisieren, unabdingbare Bestandteile einer ganzheitlichen Halligsanierung sind.

Nachdem nun hauptsächlich über die Versorgung der Halligen berichtet wurde, noch ein Satz zur Entsorgung: Die Abwässer gelangen über Hauskläranlagen in die Priele und in die Vorflut; die Beseitigung des festen Hausmülls erfolgt seit Januar 1976 über die zentrale Mülldeponie in Ahrenshöft.

Zu den genannten „spektakulären" Infrastrukturverbesserungen traten natürlich noch zahlreiche kleinere Maßnahmen, die in der Regel auch mit Mitteln der „Programm Nord GmbH" gefördert wurden. Stellvertretend für eine ganze Reihe dieser infrastrukturellen sowie wasserbautechnischen Maßnahmen seien einige Projekte benannt, die nachfolgend durch eine exemplarische Bild-Dokumentation veranschaulicht werden:

Ein neuer Anleger für Südfall wurde 1968 in Betrieb genommen; Norderoog erhielt eine Halligfußsicherung, um weiteren Uferabbrüchen vorzubeugen; 1980 wurde auf Langeneß mit großem technischen Aufwand ein Siel in unmittelbarer Nähe der Treuberg-Warft gebaut; die einzige Warft auf Hallig Habel wurde abgeflacht und gegen Nordwesten mit einem Teilringdeich versehen; der in den Jahren 1967/68 angelegte Ringdeich auf der Gröder Knudtswarft wurde 1978 durch eine Kronenerhöhung gesichert.

Anleger auf Südfall – die Inbetriebnahme erfolgte 1968

Die erhöhte und abgeflachte Warft auf Habel – der nach Nordwesten ausgerichtete „Teilringdeich" soll zusätzlichen Schutz gegen anbrandende Wellen bieten

Ringdeich zur Sicherung der Knudtswarft auf Gröde

Lahnungen zur Ufersicherung der Vogelhallig Norderoog – im Hintergrund Hallig Hooge

Laye-Siel bei der Treuberg-Warft auf Langeneß – das aus Betonfertigteilen hergestellte Siel sorgt seit 1980 für eine rasche und bessere Entwässerung des niedriger gelegenen Mittelteils der Hallig nach „Landunter"

2. Die Bemühungen um ein zweites Halligsanierungsprogramm

Obschon die Halligbewohner die genannten öffentlichen Förderungsmaßnahmen durchaus anerkannten, meldeten sich bereits bald nach Abschluß des „Ersten Halligsanierungsprogramms" vermehrt Stimmen zu Wort, die nach einer neuerlichen konzentrierten Sanierungsaktion auf den Halligen riefen. Der Kern dieser Aktion sollten vor allem gezielte Maßnahmen zur Verbesserung der Wirtschafts- und Erwerbsstruktur sein, um die gravierenden Schwächen in diesen Bereichen nachhaltig zu mildern. Außerdem wurde eine Weiterführung der Gebäude- und Warftsicherungsmaßnahmen gefordert.

Die Anregungen aus der Halligbevölkerung wurden vom Landrat des Kreises Nordfriesland, Dr. Petersen, aufgegriffen, der durch seine Verwaltung erste Aussagen zum Inhalt eines „Gesamtplanes für die Sanierung und Entwicklung der Halligen" erarbeiten ließ. Auch fanden schon bald Besprechungen mit den maßgeblichen Stellen, d. h. vor allem mit dem Amt für Land- und Wasserwirtschaft (anfangs noch Marschenbauamt), dem Landesministerium für Ernährung, Landwirtschaft und Forsten, der „Programm Nord GmbH" und natürlich den Hallig-Gemeinden statt, in denen der Rahmen für den Maßnahmenkatalog abgesteckt wurde und nicht zuletzt nach Finanzierungsmöglichkeiten gesucht werden sollte.

Als wertvolle Unterlage für die Vorbereitung eines neuerlichen Sanierungsprogramms erwiesen sich zwei von Karl Weigand (Pädagogische Hochschule Flensburg) in den Jahren 1971 und 1972 für Hooge und Langeneß erstellte sozialgeographische Analysen und eine Strukturanalyse der bestehenden Verhältnisse auf den Halligen Hooge und Langeneß, die im Februar 1973 von der Landwirtschaftskammer Schleswig-Holstein (Landbauaußenstelle Bredstedt) vorgelegt wurde. Bei der Erörterung von Möglichkeiten zur Steuerung der zukünftigen Entwicklung wiesen die Bredstedter Gutachter in ihrer Strukturanalyse zur „Agrarstrukturellen Vorplanung für die Halligen Hooge und Langeneß" nochmals auf die halligtypischen und mit denen des Festlandes nicht vergleichbaren Bedingungen für die Landwirtschaft hin:

„Gegenwärtig liegen die von den Halliglandwirten auf Hooge und Langeneß je Flächeneinheit erzielbaren Erträge und Einkommen durchschnittlich etwa bei einem Drittel derjenigen, die bei gleicher Produktionsrichtung auf dem Festland erreichbar sind. Die gesamten Mehrbelastungen durch erhöhte Frachtkosten für Bezug und Absatz, durch erhöhte Unterhaltungskosten für Gebäude, Maschinen, Geräte und Zäune sowie für Feuer- und Viehversicherung etc. sind erheblich." (S. 30). Allerdings betonten die Gutachter die Notwendigkeit von Bewirtschaftung und Bewohnbarkeit der Halligen als Voraussetzung für deren Bestand und Erhalt. Dementsprechend wurden spezielle Förderungsmöglichkeiten für Halliglandwirte vorgeschlagen, während gleichzeitig die zunehmende Bedeutung des Fremdenverkehrs (in erster Linie für Hooge, aber insbesondere für Familienerholung auch Langeneß) unterstrichen wurde. Das Gutachten weist schließlich auch auf die natürlichen Grenzen der Fremdenverkehrsintensivierung und die Probleme der Landschaftspflege auf den Halligen hin (S. 11 bzw. 28 f.).

Eigeninitiative zeigte die Gemeindeverwaltung von Hooge, wo Uwe Dulz 1974 einen „Rahmenplan Tourismus Hallig Hooge" vorlegte. Darin wurden neben einer Erfassung des Bestandes touristischer Infrastruktur und der Schilderung der Marktsituation interessante Vorstellungen für die zukünftige Entwicklungskonzeption (untergliedert nach Erholungs- und Ausflugstourismus) sowie ein Maßnahmenkatalog (Produkt-, Absatz- und Preisgestaltung) vorgestellt.

Wenn es einerseit auch richtig und realistisch ist, im Bereich Fremdenverkehr die Halligen als „Produkt" in Konkurrenz zu anderen Fremdenverkehrsorten zu sehen, so machte andererseits Anfang 1976 die Natur wieder einmal deutlich, daß die Halligen stets mit besonderem Maß zu messen sind und alle Entwicklungs- und Förderungsmaßnahmen die besondere geographische Situation der Halligwelt berücksichtigen müssen: So richteten die Sturmflutnächte vom 3. und 21. Januar wiederum erhebliche Schäden an: Zwar hielten die im Rahmen des „Ersten Halligsanierungsprogramms" errichteten bzw. sanierten Gebäude den Fluten stand – dennoch waren überall auf den Halligen beträchtliche Wasserschäden zu beklagen.

Der Landrat des Kreises Nordfriesland, Dr. Petersen, nahm denn auch die Schadensaufnahme und eine Halligbegehung zum Anlaß, nunmehr energisch ein zweites Halligsanierungsprogramm zu fordern. In einem Schreiben an die

Nach der schweren Sturmflut vom November 1981 war die mit einem Ringdeich umgebene Oländer Warft vollgelaufen – das Wasser konnte durch einen eingebauten Abfluß wieder ablaufen

Auf der Ketelswarft, Langeneß – Beispiel einer geglückten Fethingsanierung im Rahmen der Dorferneuerung

„Programm Nord GmbH" schlug der Landrat im März ein Maßnahmenbündel vor, das folgende Projekte umfassen sollte:
- Zusätzliche Schutzmaßnahmen für die zwischen 1961 und 1967 sanierten bzw. neugebauten Häuser (u. a. Verbauung der Gebäudeöffnungen) für ca. 1,0 Mio. DM.
- Sanierung von 35 Wohngebäuden, die zwischen 1961 und 1967 nicht berücksichtigt worden waren, für ca. 10,5 Mio. DM (Neubau- bzw. Umbauprogramm).
- Planerische Neuordnung der Warftbebauung: Maßnahmen der Bodenordnung (Erwerb von Grundstücken bzw. Warftflächen durch die Öffentliche Hand), Fethingverfüllung zur Schaffung von Freiraum auf den dichtgedrängten Warften, weitere Warftabflachungen, öffentliche Erschließungsmaßnahmen im Warftbereich (6 bis 7 Mio. DM).

Darüber hinaus regte der Landrat Existenzsicherungsmaßnahmen für Halliglandwirte in der Weise an, daß die Öffentliche Hand rationelle landwirtschaftliche Nutzgebäude, den Bedürfnissen der Halligbauern entsprechend, errichten und anschließend verpachten sollte. Damit wären die kostenintensiven Baumaßnahmen nicht schon von vornherein zur Belastung für die Bewirtschaftung geworden.

Nach diesem Vorstoß wurden technische und finanzielle Realisierbarkeit der Vorschläge geprüft und erörtert. Der Kreis Nordfriesland ließ zu deren Konkretisierung im Laufe des Jahres 1976 ein zweites Halligsanierungsprogramm erarbeiten, wofür eigens ein Ingenieur eingestellt wurde.

Im Dezember 1976 schließlich wurde das Programm durch das Baudezernat der Kreisverwaltung vorgelegt, das eine umfangreiche *Bestandsaufnahme* des Gebäudezustandes der einzelnen Warften bzw. der allgemeinen Situation der einzelnen Halligen sowie einen *Maßnahmenkatalog* beinhaltet.

Letzterer enthielt unter anderem die meisten der oben erwähnten landrätlichen Vorstellungen, allerdings nicht die dort vorgesehenen Neu- und Umbaumaßnahmen. Der Maßnahmenkatalog fußte auf einem veranschlagten Finanzvolumen von rund 8,5 Mio. DM und gliederte sich wie folgt:

a) *kurzfristiges Programm*
   Sicherung der Häuser gegen Sturmfluten für 2,20 oder 2,60 Mio. DM (alternative Ausführungsvorschläge)

b) *langfristiges Programm*
   1. Sanierung der Gebäude   DM   770 000,–
   2. Fethinge   DM 1 500 000,–
   3. Wegeseitengräben   DM 1 300 000,–
   4. Grunderwerb   DM   500 000,–
   5. Innere Erschließung   DM 1 055 000,–
   6. Abwasserbeseitigung   DM   750 000,–

Obwohl der Kreis Nordfriesland besten Willens war, mit diesem zweiten Halligsanierungsprogramm an das allgemein anerkannte erste Sanierungsprogramm seines „Vorgängerkreises" Husum anzuknüpfen und dieses zweite Sanierungsprogramm in der Öffentlichkeit, vornehmlich der Presse, mit großen Vorschußlorbeeren bedacht worden war, wurde ihm der erhoffte Erfolg nicht zuteil.

Dies lag u. a. daran, daß die Finanzierung des Programms nicht sichergestellt werden konnte. So mußte das „kurzfristige Programm" auf ein Finanzvolumen von nur ca. einem Viertel der vorgesehenen Summe zurückgeschraubt werden – gravierende Einschränkungen waren natürlich die Folge. Im wesentlichen wurde sogar nur die Materialbeschaffung für die Verschottung finanziert, während die Ausführung der Eigenleistung von Halligbewohnern und Personal des Husumer Amtes für Land- und Wasserwirtschaft sowie des Technischen Hilfswerkes überlassen wurde.

3. Halligsanierung im Rahmen der Dorferneuerung
Da das vorgesehene zweite Halligsanierungsprogramm also im wesentlichen gescheitert war, machten sich die Verantwortlichen bei Kreis und Land auf die Suche nach einem geeigneten Förderungsprogramm, in dessen Rahmen die dringend notwendigen Entwicklungsmaßnahmen für die Halligen durchführbar sein würden. Es traf sich gut, daß der – bereits seit dem „Ersten Halligsanierungsprogramm" mit den Verhältnissen auf den Halligen bestens vertraute – Geschäftsführer der „Programm Nord GmbH", Ministerialrat v. Reinersdorff, zugleich Referent für Dorferneuerung im Kieler Ministerium für Ernährung, Landwirtschaft und Forsten war – so bot sich als mögliche Finanzierungsquelle das im März 1977 von der Bundesregierung beschlossene

„Programm für Zukunftsinvestitionen" (ZIP) an, durch das im Zeitraum 1977–1980 auch Maßnahmen der Dorferneuerung gefördert werden konnten. Grundlage dafür war das Gesetz über die Gemeinschaftsaufgabe „Verbesserung der Agrarstruktur und des Küstenschutzes", das die gemeinsame Förderung entsprechender Maßnahmen durch Bundes- und Landesmittel vorsieht. Im Land Schleswig-Holstein wurde die Dorferneuerung im Rahmen des „Programms für Zukunftsinvestitionen" auf Modellvorhaben beschränkt – aus jedem Kreis wurde nur eine Gemeinde nach gemeinsamer Absprache von Kreisen und Land ausgewählt. Zu den elf auf diese Weise bestimmten Gemeinden (im Kreis Nordfriesland wurde „regulär" die Gemeinde Ostenfeld ausgewählt) traten – als besonderes Entgegenkommen des Landes wegen deren schwieriger Situation – die Halligen als „Einheit", obwohl die fünf größeren Halligen ja vier verschiedenen Gemeinden angehören. Die Richtlinien für die Förderung wurden vom Ministerium für Ernährung, Landwirtschaft und Forsten des Landes Schleswig-Holstein am 21. 7. 1977 bekanntgegeben und waren Grundlage für die Verteilung der zur Verfügung stehenden 13,3 Mio. DM.

Entsprechend dieser Richtlinien wurde auch für die Halligen ein Dorferneuerungskonzept gemeinsam durch das Amt für Land- und Wasserwirtschaft, Husum, die Hallig-Gemeinden und den Kreis Nordfriesland erarbeitet. Mit Erlaß vom 31. 3. 1978 erklärte sich dann das Ministerium grundsätzlich zur Förderung folgender Maßnahmen bereit: 1. Schutz der Gebäude; 2. Erschließungsmaßnahmen; 3. Verfüllen und Ausbau der Fethinge.

Das Dorferneuerungskonzept sowie der ministerielle Erlaß waren sodann Gegenstand eines Erörterungstermines zwischen Ministerium, Amt für Land- und Wasserwirtschaft, Kreis und Hallig-Gemeinden am 18. 5. 1978. Da hier allgemeine Übereinstimmung erzielt wurde, konnte nunmehr der endgültige Dorferneuerungsplan für die Halligen aufgestellt werden. Dieser wurde am 11. 7. 1978 genehmigt und bedeutete den „Startschuß" für mehrere Sanierungsmaßnahmen. Innerhalb des Dorferneuerungsplanes konnten gemäß den Förderungsrichtlinien u. a. berücksichtigt werden:

– Maßnahmen zur Verbesserung der innerörtlichen Verkehrsverhältnisse;
– Erhaltung und Gestaltung landwirtschaftlicher Bausubstanz mit ortsbildprägendem Charakter;
– kleinere bauliche Maßnahmen, die zur Neugestaltung des Ortsbildes beitragen;
– Modernisierung und Instandsetzung landwirtschaftlicher Wohngebäude.

Auf den Halligen wurden dank ausgesprochen unbürokratischer Auslegung der Richtlinien folgende Fördermittel auf die einzelnen Maßnahmengruppen verteilt:

1. *Schutz der Gebäude (Verschottung)*
   – Gemeinde Hooge   DM 456 000,–
   – Gemeinde Langeneß   DM 560 000,–
   – Gemeinde Gröde   DM 57 000,–
   – Hallig Nordstrandischmoor   DM 88 000,–

Geräumte Straße auf Hallig Langeneß – die mit Seetang und Treibsel behangenen Zäune wurden im Schneewinter 1978/79 zu Schneefangzäunen und machten die Hallig somit für über eine Woche unpassierbar

Neu angelegte Wegeseitengräben auf Hallig Langeneß – der Bodenaushub wurde zur Einebnung von Mähflächen verwendet

2. *Erschließungsmaßnahmen (Wegebau und Beleuchtung)*
   - Gemeinde Hooge   DM 310 000,—
   - Gemeinde Langeneß   DM 190 080,—
   - Gemeinde Gröde   DM 267 300,—
   - Hallig Nordstrandischmoor   DM 116 820,—
3. *Fethingverfüllung und -sanierung*
   - Gemeinde Hooge   DM 251 800,—
   - Gemeinde Langeneß   DM 152 200,—

Insgesamt konnten also über das „Programm für Zukunftsinvestitionen" mehr als 2,4 Mio. DM öffentlicher Gelder auf die Halligen „gepumpt" werden, was bei der allgemein angespannten Situation der öffentlichen Haushalte und angesichts der Tatsache, daß für die gesamten Maßnahmen in den elf Modellgemeinden nur 10,9 Mio. DM zur Verfügung standen, eine beachtliche Förderung darstellte.

Als jüngste Maßnahme im „Programm Nord" werden auf Hallig Langeneß in den Jahren 1981—1983 Wegeseitengräben angelegt, wie sie auf den anderen Halligen zum Teil schon bestehen. Diese Gräben machen einerseits die Zäune überflüssig, in denen sich nach jedem „Landunter" Treibsel sammelt und die somit nicht gerade eine positive Bereicherung des Landschaftsbildes sind — andererseits wird der Grabenaushub dringend als Füllmaterial benötigt: Seit Jahren wird die Einebnung der Mähflächen für unumgänglich gehalten, um eine rationelle Heuernte mit modernen Maschinen zu ermöglichen. Dieses Problem wird nunmehr schrittweise gelöst. Allerdings mußte deswegen die Flurbereinigung „wieder aufleben" — aus diesen Mitteln erhält die Gemeinde Langeneß zu den Gesamtkosten von voraussichtlich 525 000,— DM von der „Programm Nord GmbH" einen Zuschuß von rd. 183 000 DM, in gleicher Höhe beteiligt sich der Kreis Nordfriesland.

Damit erfährt die Halliglandwirtschaft eine weitere wichtige Förderung, die für das vorwiegend landwirtschaftlich geprägte Langeneß von einiger Bedeutung sein dürfte.

VI. Die Halligen:
Raumfunktion und Strukturwandel

Das „Erste Halligsanierungsprogramm" war u. a. infolge sachlicher, etatmäßiger und organisatorischer Zwänge im Grunde ein rein landwirtschaftlich geprägtes Entwicklungsprogramm gewesen. Die in der Zeit von 1961 bis 1967 praktisch neu erbauten 51 Höfe (vgl. hierzu Tab. 10) sollten die Voraussetzung für eine zukunftsträchtige landwirtschaftliche Existenzsicherung der betreffenden Halligfamilien liefern.

Dennoch hatte man, wie oben bereits erwähnt, frühzeitig auf die künftige Bedeutung des Fremdenverkehrs als zusätzlicher Erwerbsquelle hingewiesen – der im Jahre 1959 vom Kreis Husum vorgelegte Bericht „Über dringende Maßnahmen zur Förderung der Wirtschaftskraft auf den Halligen" machte dies ja deutlich. Die darin enthaltenen Empfehlungen zielten insbesondere auf infrastrukturelle Maßnahmen (z. B. Wasserversorgung sowie Schiffsverbindungen) ab. Allerdings waren „Ferien auf dem Bauernhof" zu jener Zeit noch kein förderungswürdiger Erwerbszweig. Dennoch gab es – wie Halligleute berichten – bereits während der großen Bauzeit von offizieller Seite immer wieder „inoffizielle" Anregungen zum Einbau von Gästezimmern in die zum Teil sehr großzügigen Dachböden der sanierten bzw. neu errichteten landwirtschaftlichen Gebäude.

Die Berechtigung derartiger „inoffizieller" Anstöße bestätigte sich bereits Mitte der 60er Jahre, in denen nicht nur funktionstüchtige landwirtschaftliche Gebäude entstanden, sondern ebenso die eigentlichen baulichen sowie infrastrukturellen Voraussetzungen und damit die entscheidenden Impulse für den Fremdenverkehr heutiger Prägung.

1. Rückgang der Landwirtschaft
In dem folgenden Abschnitt soll zunächst der Versuch unternommen werden, die tiefgreifenden Strukturveränderungen der Hallig-Landwirtschaft etwa in den vergangenen 15 Jahren zu belegen. Es versteht sich, daß dies nicht in gänzlicher Isoliertheit von dem Erwerbszweig geschehen kann, der nach dem zu beschreibenden Rückgang der Landwirtschaft das Erwerbsleben auf den Halligen in zunehmendem Maße prägen sollte – nämlich dem Fremdenverkehr, dessen Wurzel in den Hallighöfen liegt.

Um dabei einer allzu einseitigen Betrachtung etwas vorzubeugen, sei eingangs an die besonderen Grundbedingungen der Halliglandwirtschaft sowie an die Entwicklung, die die Landwirtschaft allgemein in den vergangenen zwei Jahrzehnten durchlaufen hat, erinnert. So gab es 1960 in Schleswig-Holstein noch 54 163 landwirtschaftliche Betriebe mit einer durchschnittlichen Größe von 21 ha Landnutzungsfläche (LN); 1970 waren es bereits nur noch 43 172 mit einer durchschnittlichen Größe von 26 ha und 1979 war die Zahl nochmals auf 33 264 Betriebe reduziert, die durchschnittliche Größe betrug

33 ha.* Es ist also festzuhalten, daß allein im Laufe des vergangenen Jahrzehnts, in dem die Entwicklung der Halliglandwirtschaft insbesondere zu verfolgen ist, auch auf dem Festland mit einem Rückgang der landwirtschaftlichen Betriebe um nahezu 25 % umfassende strukturelle Veränderungen stattgefunden haben, von denen trotz erfolgter grundlegender Sanierung und damit wesentlich verbesserter Ausgangsbedingungen auch die Halliglandwirte nicht verschont bleiben konnten − dies umso weniger auf dem Hintergrund der stark eingeengten Entwicklungsmöglichkeiten der Halliglandwirtschaft. Es steht außer Frage, daß sämtliche oben geschilderten Maßnahmen zur Halligsanierung eine existenziell wichtige Förderung der Landwirtschaft bewirkten − ohne die umfassenden staatlichen Sanierungsmaßnahmen wäre es insbesondere nach der verheerenden Sturmflut von 1962 aufgrund mangelnder oder völlig unzureichender Existenzsicherungsmöglichkeiten zu einer noch größeren Abwanderungswelle gekommen.

Insbesondere durch das „Erste Halligsanierungsprogramm" waren die Voraussetzungen für halbwegs moderne Wirtschaftsformen der ohnehin nur in begrenztem Umfang rationalisierungsfähigen Halliglandwirtschaft geschaffen worden. Die Stallungen waren wesentlich vergrößert worden, so daß der zur Ausnutzung der vorhandenen Wirtschaftsflächen notwendige Tierbestand auch im Winter gehalten werden konnte. Außerdem brachten die Neubauten einige arbeitswirtschaftliche Vorteile, so zum Beispiel die Möglichkeit zur Unterdach-Trocknung von Heu. Die neuen Wirtschaftswege sowie die zum Teil eingeebneten Mähflächen erlaubten nunmehr den Einsatz von Fahrzeugen und Maschinen, wodurch die so wichtige Heubergung wesentlich vereinfacht werden konnte. Ebenso entscheidend war, daß mit erfolgtem Strom- und Wasseranschluß rationellere Arbeitstechniken in den Halligbetrieben Einzug halten und die Bauern damit ihre Wirtschaftsgrundlage beträchtlich ausdehnen konnten. Angesichts der auf den Halligen weniger ertragreichen Mastviehwirtschaft − um Schlachthausreife zu erzielen, muß das zweijährige Magervieh in der Regel erst zur Fettgräsung aufs Festland gebracht werden − bedeutete die nunmehr mögliche Hinwendung zu einer verstärkten Milchviehhaltung einen großen betriebswirtschaftlichen Fortschritt. Indes fehlte für die arbeitsintensivere und damit ertragreichere Milchviehwirtschaft noch die eigentliche Voraussetzung − nämlich ein gesicherter Absatz der Milch bzw. des Rahms. Die bisherige Milchproduktion diente mehr oder weniger lediglich der Eigenversorgung. Nachdem man viele Möglichkeiten der Milchabnahme und -verwertung erwogen hatte − die zum Teil utopischen Vorschläge reichten vom Bau einer Milchleitung aufs Festland bis zur Errichtung einer halligeigenen Meierei − gab 1969 die Meierei Neukirchen die Zusage zur Abnahme des Halligrahms. Bei deren Übernahme durch die Adelbyer Meierei Flensburg im Jahre 1972 wurde der Abnahmevertrag erneuert.

---

* In: Landwirtschaftskammer Schleswig-Holstein „Statistische Grunddaten aus der Landwirtschaft", Kiel 1981.
  Diese Zahlen berücksichtigen nur Betriebe ab 1 ha LN.

Trotz Schaffung dieser grundlegenden Voraussetzungen für eine ertragsintensivere Viehwirtschaft ging die Zahl der Milchviehhalter rapide zurück. Waren es im Jahre 1965 auf Hooge noch 32 Landwirte bzw. auf Langeneß 35, die Milchvieh hielten, so wurden im Jahre 1975 nur noch 13 bzw. 22 gezählt. Allerdings wurde bei den Betrieben, die sich einer intensiveren Milchviehhaltung zuwandten, eine wesentliche Aufstockung des Kuhbestandes vorgenommen. Parallel dazu erfolgte in jenen Betrieben die mit öffentlichen Mitteln geförderte Installation von Melkmaschinen und Zentrifugen zur Entrahmung der Milch. Bereits 1972 gab es auf Hooge in 16 und auf Langeneß in 23 Betrieben Melkanlagen sowie Zentrifugen und Gefriereinrichtungen. Unmittelbar nach dem Melkvorgang wird die Milch zentrifugiert, der so gewonnene Rahm wird in Plastikbeuteln tiefgefroren und in Blöcken einmal wöchentlich bzw. im Winter ein- oder zweimal monatlich zur Weiterverarbeitung aufs Festland gebracht. Die Magermilch dient als wichtige Futtergrundlage für die Kälber. Die öffentliche Förderung der Milchviehwirtschaft sowie die Abnahmegarantie für den Halligrahm erhöhte die Ertragslage der Landwirte erheblich – ohne diese wesentliche Ertragssteigerung wäre der Rückgang der Halliglandwirtschaft mit Sicherheit noch sehr viel rascher erfolgt.

Von größter Bedeutung für die Landwirtschaft auf den Halligen sollte ebenfalls die sogenannte Ausgleichszulage werden, die den Halliglandwirten im Rahmen des EG-Programms für benachteiligte Gebiete als Weideauftriebsprämie pro Großvieheinheit (GV) für Rinder und Mutterschafe gezahlt

Die gefrorenen Sahneblöcke werden zur Weiterverarbeitung aufs Festland transportiert – im Hintergrund Hilligenlei auf Langeneß, Winter 1980/81

wird. „Ziel dieser Förderung ist es, in bestimmten benachteiligten Gebieten eine standortgerechte Agrarstruktur zu schaffen und zu sichern, um über die Fortführung der landwirtschaftlichen Erwerbstätigkeit einen erforderlichen Beitrag zur Erhaltung eines Minimums an Bevölkerungsdichte oder zur Erhaltung der Landschaft und ihrer touristischen Bestimmung aus Gründen des Küstenschutzes zu leisten."[*]

Damit war es nach langen Bemühungen von vielen Seiten gelungen, die Halligen seit 1974 an das sogenannte „Bergbauernprogramm" anzukoppeln, das aus vorwiegend landespflegerischen Gründen den Anreiz einer weiteren Bewirtschaftung von Almflächen schaffen soll. Die Ausgleichszulage beträgt zur Zeit DM 144,– pro GV für Milchkühe sowie DM 180,– pro GV für sonstige Rinder und Mutterschafe, wobei pro Betrieb nur eine GV je ha Futterfläche berücksichtigt wird. Bis zu 10 Kühe zur Milchgewinnung werden je Betrieb in die Ausgleichszulage einbezogen, außerdem werden die für Kühe errechneten GV nur mit 80 % bemessen. Die Ausgleichszulage darf den jährlichen Betrag von DM 10 000,– je Betrieb nicht übersteigen. Mit der Geldentwertung ist dieser Betrag real erheblich gesunken. Sie wäre wohl nur auf Landesebene aufzufangen, auf EG-Ebene ist eine Dynamisierung kaum möglich.

Trotz aller Hilfen und Förderungsmaßnahmen, die den Halligbauern mit dem „Ersten Halligsanierungsprogramm" und in den Jahren danach zuteil geworden waren, kam es schon bald nach Abschluß dieses Programms und dann in zunehmenden Maße ab 1970 zu erheblichen Einbrüchen in der Landwirtschaft und in deren Folge zu einer umfangeichen Verminderung der Zahl landwirtschaftlicher Betriebe. Die Gründe hierfür sind vielfältiger Art, sie wurden teilweise bereits angeführt. Die mangelnde Wettbewerbsfähigkeit mit der festländischen Landwirtschaft wurde noch verstärkt durch den allerorts um sich greifenden Konzentrationsprozeß, dem kleinere Betriebe zum Opfer fielen. Angesichts der unüberwindbaren Schwierigkeiten der Landwirtschaft in diesem peripheren Raum hielten immer mehr existenzgefährdete Hallig-Landwirte Ausschau nach besseren und zuverlässigeren Erwerbsquellen. Auf dem Hintergrund der entscheidend verbesserten Wohn- und Lebensverhältnisse boten sich auf dem Fremdenverkehrssektor gute Möglichkeiten. So erkannte ein Landwirt auf Hooge schon frühzeitig zu Beginn der 70er Jahre die Zeichen der Zeit und entschloß sich, seinen vor wenigen Jahren großzügig sanierten Stall in eine Pension umzubauen und damit die Landwirtschaft völlig aufzugeben. In der Regel waren die Übergänge jedoch fließender – mit Abschluß der gebäudlichen Sanierungsmaßnahmen gingen immer mehr Landwirte dazu über, das knappe Haushaltseinkommen zusätzlich durch Einnahmen aus der Zimmervermietung aufzubessern. Der Fremdenverkehr wurde zur wichtigsten Nebenerwerbsquelle der Halliglandwirte. 1971 waren es auf Langeneß bereits 19 von 27 und auf Hooge 20 von 24 Landwirten, die ihren Lebensunterhalt teilweise durch den Fremdenverkehr bestritten. Der mit die-

---

[*] In: Bekanntmachung des Ministers für Ernährung, Landwirtschaft und Forsten vom 21. Mai 1979 – VIII 330 – 5411.601 – S. 1.

ser Entwicklung einhergehende Rückgang der Landwirtschaft spiegelt sich in nachfolgender Zusammenstellung eindrucksvoll wider.

Tab. 5: Landwirtschaftliche Betriebe auf den Halligen 1971 und 1981

| | 1971 Zahl der landwirtschaftlichen Betriebe | | 1981 Zahl der landwirtschaftlichen Betriebe | |
	im Haupterwerb*	im Nebenerwerb	im Haupterwerb*	im Nebenerwerb
Hooge	18	6	6	1
Langeneß	14	13	11	2
Oland	–	6	–	2
Gröde	1	2	1	–
Nordstrandischmoor	1	2	–	3
Gesamt	34	29	18	8

* ab 50 % des Haushaltseinkommens

Damit erfolgte in dem relativ kurzen Zeitraum von 1971–1981 auf Hooge ein Rückgang der Zahl landwirtschaftlicher Betriebe um ca. 70 %; auf Langeneß schrumpfte die Zahl um über 50 % zusammen. Damit hat sich die längerfristige Prognose von Weigand aus den Jahren 1971 bzw. 1972 für Hooge voll und für Langeneß um die Differenz eines weiteren stillgelegten landwirtschaftlichen Betriebes bereits heute bestätigt.

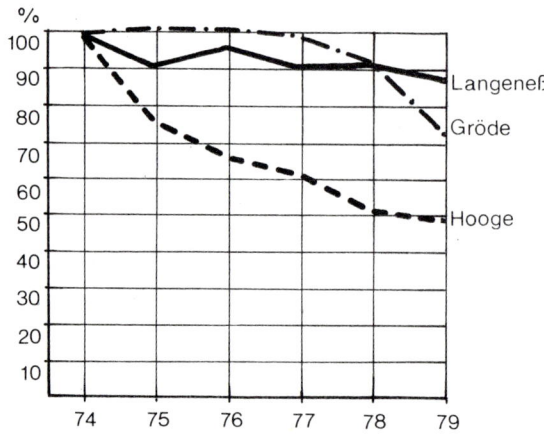

Abb. 10: Der Rückgang der Viehhaltung auf den Halligen Gröde, Hooge und Langeneß in den Jahren 1974–79

Weitere sichere Hinweise auf den Bedeutungsschwund der Landwirtschaft geben die graphischen Darstellungen über den Rückgang der Viehhaltung auf den Halligen (vgl. hierzu Abb. 10) sowie die nachfolgend dargestellte Entwicklung der Zahl der Sahnelieferanten auf den Halligen in den Jahren 1972 bis 1980 und insbesondere auch über die rapide Abnahme der jährlichen Sahnelieferungen an die Adelbyer Meierei Flensburg.

Abb. 11: Zahl der Sahnelieferanten auf den Halligen 1972−80

Abb. 12: Jährliche Sahnelieferungen der Halligbetriebe an die Adelbyer Meierei 1972−80

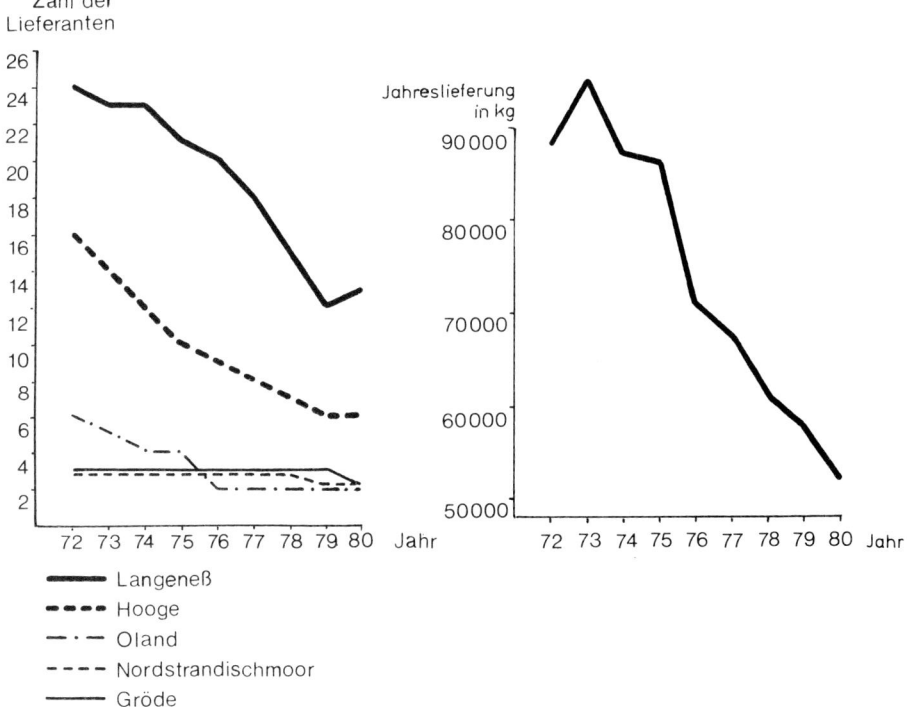

Analog zum Rückgang der Zahl landwirtschaftlicher Betriebe reduzierte sich insbesondere auf den beiden größeren Halligen die Zahl der Sahnelieferanten in beträchtlichem Umfang. Da einer nennenswerten einzelbetrieblichen Aufstockung des Milchkuhbestandes auf den beengten Warften Grenzen gesetzt waren und sind, nahm der Umfang der jährlichen Sahnelieferungen seit 1973 ebenfalls um fast die Hälfte auf 52 032 kg im Jahre 1980 ab.

Dank der Gewährung der Ausgleichszulage kam es auf den Halligen aufgrund der geschilderten Entwicklung noch nicht zu den aus anderen Regionen bekannten Erscheinungsformen der Sozialbrache; vielmehr waren damit für

Landbesitzer (also auch für Nicht-Landwirte) Anreize geschaffen, die Weidefläche weiter zu bewirtschaften. Dies konnte bei der stark rückläufigen Landwirtschaft aus vorgenannten Gründen nunmehr nicht nur mit eigenem Vieh erfolgen, sondern man bemühte sich um fremdes Vieh (Pensionsvieh) vom Festland bzw. von den benachbarten Inseln, insbesondere von Pellworm. Auf Schiffen wird das Vieh Anfang Mai zur Gräsung auf die Halligen gebracht, der Rücktransport erfolgt vor Einsetzen der Herbststürme Anfang Oktober. So gab es auf Hooge im Jahre 1976 bereits 170 Stück Pensionsvieh, 1980 waren es schon 435 Stück (vgl. hierzu Tab. 6). Die größte Bedeutung erlangte die Pensionsviehhaltung auf Hallig Oland, wo im Sommer 1980 90 % des gräsenden Viehs von auswärts herantransportiert worden war.

Tab. 6: Viehbesatz auf den Halligen im Sommer 1976 und 1980

	Hooge		Langeneß		Oland		Gröde		Nordstrandischmoor		Gesamt	
	1976	1980	1976	1980	1976	1980	1976	1980	1976	1980	1976	1980
Kühe	119	80	230	159	70	6	24	13	32	29	475	287
Rinder	393	253	365	458	4	11	2	24	49	98	813	844
Pensionsvieh	170	435	250	515	100	153	40	65	45	—	605	1168
Gesamt	682	768	845	1132	174	170	66	102	126	127	1893	2299
Schafe	—	—	56	—	—	—	95	56	60	24	211	80
Pensionsschafe	—	—	—	—	—	—	—	56	—	161	—	217
Gesamt	—	—	56	—	—	—	95	112	60	185	211	297

So segensreich die im Rahmen der Gemeinschaftsaufgabe „Verbesserung der Agrarstruktur und des Küstenschutzes" gewährte Ausgleichszulage für die wirtschaftlich benachteiligten Halligen auch sein mag, so problematisch ist dieser Eingriff in das freie Marktgefüge von Angebot und Nachfrage bezüglich der Mobilität von Landnutzungsflächen. Eine einfache Erklärung dafür liefert folgendes aktuelle Zahlenbeispiel: Der Pachtpreis für 1 ha LN, die als Weidefläche für eine GV zugrundegelegt wird, beträgt z. B. auf Langeneß heute 80 DM; diesem Betrag stehen im Falle der Pensionsviehhaltung 100 DM Pensionsgebühren sowie 180 DM Weideprämie als Einnahme entgegen. Das recht lukrative Geschäft mit der Pensionsviehhaltung bewirkte u. a. auch, daß die „echten" Landwirte, die bestrebt sein mußten, ihre Ertragslage mit einer verstärkten Mastviehhaltung zu steigern, entweder überhaupt kein Pachtland mehr bekamen oder aber aufgrund teilweise recht hoher Pachtpreise eine wirtschaftliche Nutzung der Ländereien unrentabel wurde. Für das mehr landwirtschaftlich orientierte Langeneß bewirkt der geschilderte Mechanismus ohne Zweifel auch heute noch eine Einengung der wirtschaftlichen Entfaltungsmöglichkeiten aktiver Landwirte. Zwar ist mit der Gewährung der

Pensionsvieh wird per Schiff zur Sommergräsung nach Gröde transportiert (1981)

Landabgaberente die Bedingung zur Weitergabe der Landnutzungsflächen verknüpft, jedoch gibt es genügend Halligleute, die noch keinen Anspruch auf eine Rentenzahlung haben oder eine andere Rente erhalten, die ihnen die Pensionsviehhaltung nebenbei ermöglicht.

Anders sieht diese Entwicklung – zumindest seit zwei Jahren – auf dem viel stärker touristisch ausgerichteten Hooge aus, dessen wenige Landwirte 1981 das große Landangebot kaum noch aufnehmen konnten. Allerdings muß ergänzend angeführt werden, daß in diesem Jahr aufgrund der ungünstigen Witterungsbedingungen auf allen Halligen über eine völlig unzureichende Grasnarbe geklagt und durch den Ringelgans-Befall noch verschlechtert wurde, so daß wegen mangelnder Futtergrundlage nicht genügend Vieh vom Festland herübergeholt werden konnte. Es bleibt abzuwarten, inwieweit sich dieser Trend in den nächsten Jahren fortsetzt, zumal die Grünlandpachtpreise auf dem Festland nachzugeben scheinen und damit die Bereitschaft zur kostenaufwendigen Verschiffung des Viehs auf die Halligen nachlassen könnte.

Der dargestellte Rückgang der Landwirtschaft sowie die starke Zunahme der Pensionsviehhaltung insbesondere auf Hooge, Langeneß und Oland spiegelt sich u. a. in den nachfolgenden Landnutzungskartierungen wider (vgl. hierzu Abb. 13 bis 20). Die ständig zunehmenden Auftriebszahlen für fremdes Vieh sind für die Jahre 1960, 1970 und 1981 exemplarisch für Hooge veranschaulicht, wobei insbesondere der rasche Flächennutzungswandel in den 70er Jahren ins Auge springt. So wird auf etwa der Hälfte der Hooger Landnutzungsflächen heute bereits Pensionsvieh gräst, auf Langeneß liegt der Anteil mit ca. 35 % noch wesentlich niedriger. Die oben getroffene Feststellung über den unterschiedlichen Wirkungsgrad der Ausgleichszulage wird bei einem Vergleich der Abbildungen 15 und 20 voll bestätigt. Der Anteil an Pachtländereien, die mit Pensionsvieh beweidet werden, ist auf Langeneß wesentlich geringer als auf Hooge, wo fünf der sieben Landwirte neben der eigenen Viehhaltung auch Pensionsviehhaltung betreiben — und dies zu einem großen Teil auf zugepachteten Flächen. Die Landnutzungskartierung für Oland zeigt deutlich, daß diese Hallig praktisch extern bewirtschaftet wird — bei den beiden einzigen noch existierenden Höfen handelt es sich um auslaufende Betriebe. Indes gibt es auf Oland neun Landbesitzer, die Pensionsviehhaltung als Nebenerwerb betreiben.

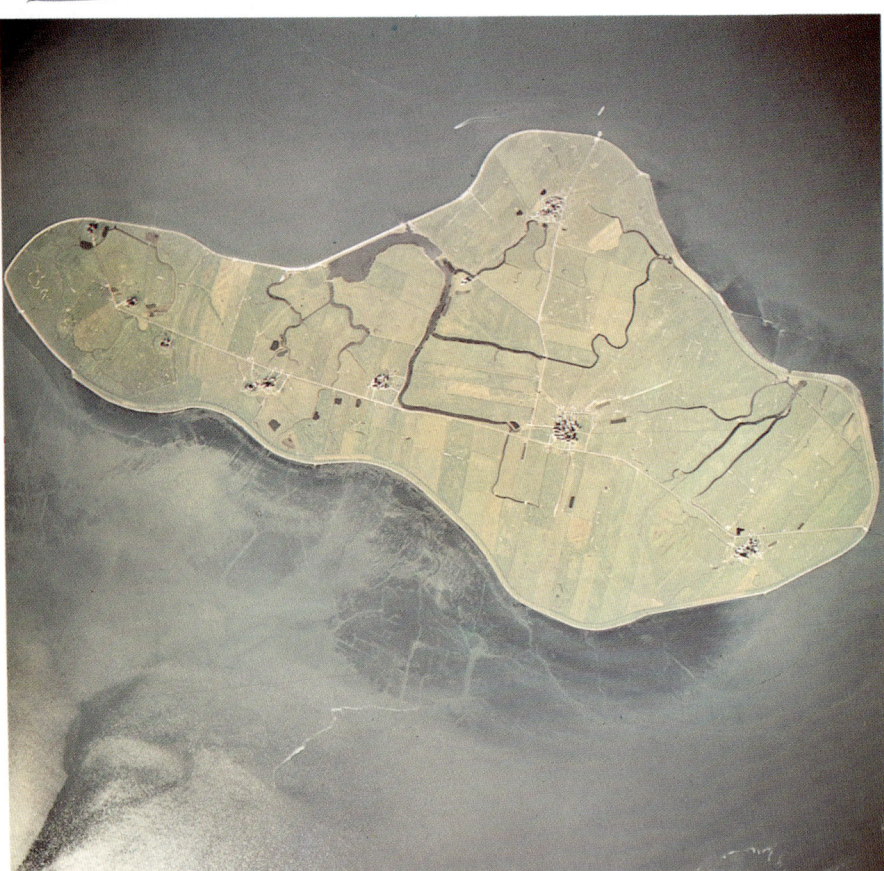

Hallig Hooge am 7. 9. 1971 — die Luftaufnahme zeigt zu diesem Zeitpunkt noch einen relativ hohen Anteil von Mählandflächen (gelb-braun)

Abb. 13: Situation der Landwirtschaft auf Hallig Hooge 1960

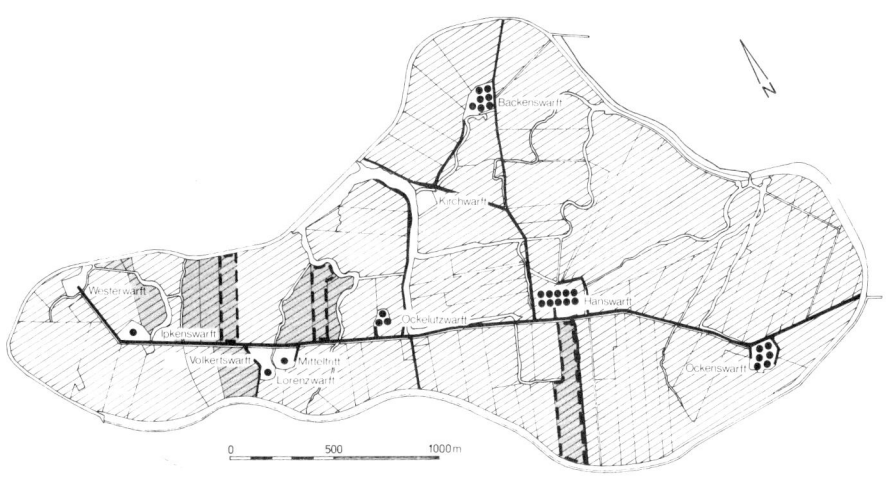

Eigenland		Gräsung mit betriebseigenem Vieh
Pachtland		
Eigenland		Gräsung mit Pensionsvieh
Pachtland		

Fremdbesitz
(Eigentümer nicht auf der Hallig wohnhaft)

Standorte
der landwirtschaftlichen Betriebe

Abb. 14: Situation der Landwirtschaft auf Hallig Hooge 1970

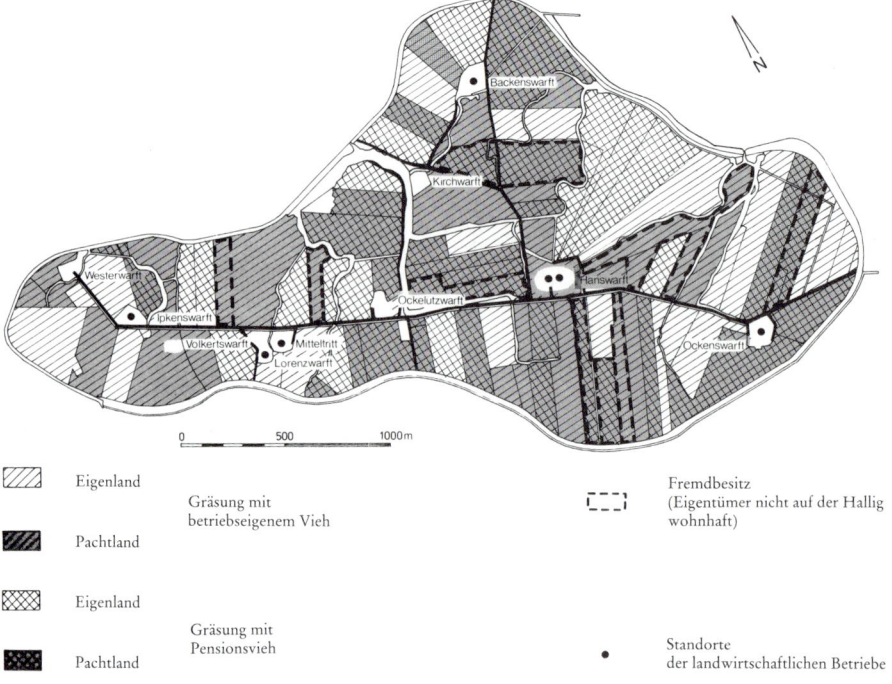

Eigenland

Pachtland

Eigenland

Pachtland

Gräsung mit
betriebseigenem Vieh

Gräsung mit
Pensionsvieh

Fremdbesitz
(Eigentümer nicht auf der Hallig
wohnhaft)

Standorte
der landwirtschaftlichen Betriebe

Abb. 15: Situation der Landwirtschaft auf Hallig Hooge 1981

Die zahlenmäßige Auflistung des Viehbestandes auf den Halligen im Sommer 1976 und 1980 (vgl. hierzu Tab. 6) zeigt deutlich, daß die auf die Sommermonate begrenzte Pensionsviehhaltung insgesamt zu einer beträchtlichen Erhöhung der Auftriebszahlen geführt hat. Dies ist damit zu erklären, daß infolge der stark rückläufigen „echten" Landwirtschaft Winterviehhaltung in geringerem Umfang betrieben wird, also frühere Mählandflächen, die der Winterfuttergewinnung dienten, heute als Weideland genutzt werden können und damit für eine größere Anzahl von Vieh tragfähig sind.

Tab. 7: Pensionsviehhaltung auf den Halligen − Stand 1980

	durch Landwirte		durch Nicht-Landwirte			Gesamt		
	Anzahl der Pensionsviehhalter	Anzahl der Rinder	Anz. der Pensionsviehhalter	Anzahl der Rinder	Anzahl der Schafe	Pensionsviehhalter	Rinder	Schafe
Hooge	6 (von 8)	232	6	203	−	12	435	−
Langeneß	5 (von 14)	173	9	342	−	14	515	−
Oland	2 (von 2)	22	7	131	−	9	153	−
Gröde	2 (von 3)	38	1	17	56	3	55	56
Nordstrandischmoor	2 (von 3)	−	−	−	161	2	−	161
Gesamt	17 (von 30)	465	23	693	217	40	1158	217

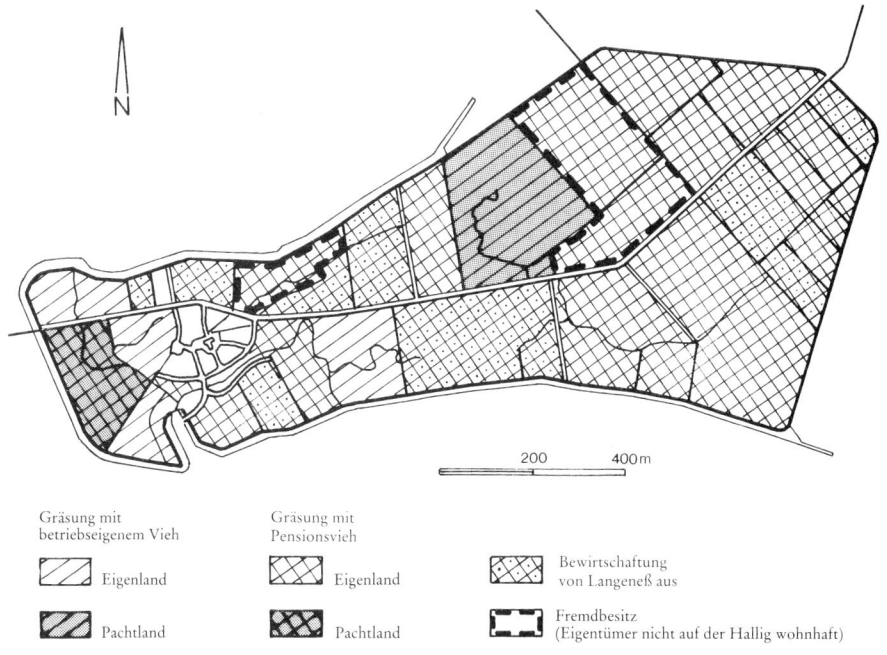

Gräsung mit
betriebseigenem Vieh

Gräsung mit
Pensionsvieh

| | Eigenland | | Eigenland | | Bewirtschaftung
von Langeneß aus |

| | Pachtland | | Pachtland | | Fremdbesitz
(Eigentümer nicht auf der Hallig wohnhaft) |

Abb. 16: Situation der Landwirtschaft auf Hallig Oland 1981

Die große wirtschaftliche Bedeutung der Pensionsviehhaltung und damit zugleich die Gewährung der Ausgleichszulage für die Halligen wird auch aus Tabelle 7 ersichtlich. Besondere Beachtung verdient dabei, daß auch eine ständig zunehmende Anzahl von aktiven Landwirten über die arbeitsextensive Pensionsviehhaltung eine Ertragssteigerung zu erreichen sucht. Es mag somit als ein aufschlußreiches Indiz für die künftige Entwicklung der Landwirtschaft auf den Halligen gewertet werden, daß 1980 bereits 17 von 30 Landwirten auch Pensionsviehhaltung betrieben. Auf dem Hintergrund des im Jahre 1981 feststellbaren Landüberangebots auf Hooge sowie der Diskussion um eine partielle Wiederbelebung der früher üblichen Schafhaltung auf den Halligen sei auf die Beispiele Nordstrandischmoor und Gröde hingewiesen, wo − in Ermangelung von festländischem Vieh − bereits 1980 ein großer Anteil an Pensionsschafen herübergebracht wurde. Mit Sicherheit ist die Schafhaltung, zumal sie auf den Halligen auch einige Probleme mit sich bringt (so etwa ein erhöhtes Risiko bei „Landunter"), für die Hallig-Landwirte keine wirtschaftliche Alternative zur bisher praktizierten Viehhaltung, doch könnte sie im äußersten Fall die aus übergeordneten Gründen gebotene Bewirtschaftung der Halligländereien gegebenenfalls sicherstellen.

Trotz des großen Interesses von Nicht-Landwirten, ihre Ländereien mit Pensionsvieh selbst zu bewirtschaften, ist es im Laufe des vergangenen Jahrzehnts zu einer beachtlichen flächenmäßigen Aufstockung der Halligbetrie-

Schafschur auf Nordstrandischmoor im Juni 1980 – die Wolle wird nach Husum verkauft

be, insbesondere auf Hooge, gekommen. Fast die Hälfte aller Hallighöfe bewirtschaften heute über 50 ha LN, nur noch vier Betriebe auf allen Halligen (sie gehören zu den Nebenerwerbsbetrieben) begnügen sich mit einer Fläche, die kleiner ist als 20 ha LN (vgl. hierzu Tab. 8). Noch 1972 betrug die durchschnittliche Größe der Haupterwerbsbetriebe auf Langeneß 40 ha LN, auf Hooge waren es lediglich 25 ha LN, bis 1980 haben sich diese Durchschnittswerte auf Langeneß auf 50 ha LN und auf Hooge gar auf 52 ha LN erhöht. Damit ist die in früheren landwirtschaftlichen Gutachten geforderte Mindestgröße von 50 ha LN erreicht bzw. heute bereits teilweise erheblich überschritten.

Tab. 8: Größenklassen der landwirtschaftlichen Betriebe auf den Halligen
— Stand 1981

	Hooge	Langeneß	Oland	Gröde	Nordstran-dischmoor	Gesamt
bis 20 ha	1	1	2	—	—	4
21 – 30 ha	—	2	—	—	—	2
31 – 40 ha	2	—	—	—	—	2
41 – 50 ha	1	4	—	—	2	7
über 50 ha	3	6	—	1	1	11
Gesamt	7	13	2	1	3	26

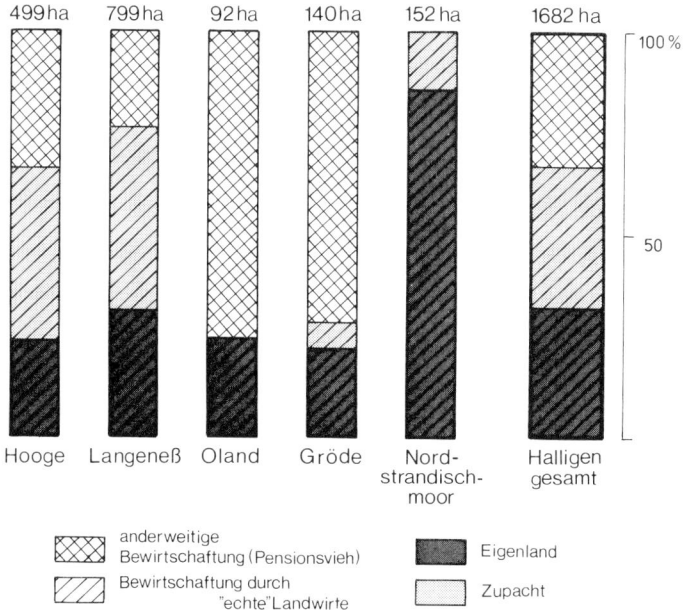

Abb. 17: Bewirtschaftung der Landnutzungsflächen — Stand 1981

Tab. 9: Landwirtschaftliche Betriebe (eigene Viehhaltung) auf den Halligen – Stand 1980

	Landwirt	Bewirtsch. Fläche in ha			Viehhaltung			Pensionsvieh		Anteil der Landwirtschaft a.d. Einkünften in %***	Sonstige Erwerbsquellen des Haushalts
		Eigenland	Zupacht	Gesamt	Kühe	Rinder**	Schafe	Rinder	Schafe		
Langeneß	A	–	67	67	26	60	–	–	–	100	–
	B	26	34	60	16	43	–	–	–	100	–
	C	–	43	43	–	52	–	–	–	100	–
	D	27	33	60	29	28	–	53	–	95	FV
	E	24	32	56	14	22	–	30	–	90	FV
	F*	22	39	61	–	81	–	–	–	90	FV
	G	37	10	47	18	31	–	–	–	90	FV
	H	13	28	41	11	22	–	26	–	60	FV, Angest.
	I	40	3	43	7	14	–	50	–	55	FV, Lohnuntern.
	J	–	23	23	6	12	–	14	–	55	FV, Schiffer
	K	17	10	27	7	25	–	–	–	50	FV, Handw.
	L	23	47	70	10	50	–	–	–	50	FV
	M	16	3	19	9	12	–	–	–	40	ALW
	N	15	2	17	6	6	–	–	–	40	ALW
Gesamt	14	260	374	634	159	458	–	173	–		
Hooge	A	17	16	33	8	17	–	7	–	100	–
	B	25	47	72	17	52	–	14	–	95	FV
	C	18	36	54	12	16	–	70	–	90	FV
	D	15	70	85	11	25	–	73	–	90	FV
	E	18	26	44	8	29	–	16	–	80	FV
	F	24	8	32	9	32	–	–	–	50	FV, Handw.
	G*	21	25	46	8	75	–	52	–	50	FV
	H	2	9	11	7	7	–	–	–	40	ALW, FV
Gesamt	8	140	237	377	80	253	–	232	–		
Oland	A	14	–	14	4	10	–	8	–	30	Rente, FV
	B	9	–	9	2	1	–	14	–	15	Rente, FV
Gesamt	2	23	–	23	6	11	–	22	–		
Gröde	A	42	12	54	6	10	31	–	–	50	FV, Rente
	B*	46	–	46	2	8	25	18	–	30	ALW, FV
	C*	46	–	46	5	6	–	20	–	20	ALW
Gesamt	3	134	12	146	13	24	56	38	–		
Nordstr.moor	A	63	–	63	10	27	–	–	104	40	ALW, FV
	B	19	22	41	–	33	18	–	57	30	ALW, FV
	C	48	–	48	19	38	6	–	–	25	ALW, FV
Gesamt	3	130	22	152	29	98	24	–	161		
Halligen ges.:	30	687	645	1332	287	844	80	465	161		

*   Diese Landwirte betreiben seit 1981 nur noch Pensionsviehhaltung
**   Es handelt sich in der Regel um zweijährige Tiere (Magervieh)
***   Die hier angegebenen Prozentwerte sind Schätzwerte
Abkürzungen
FV   = Fremdenverkehr
ALW = Amt für Land- und Wasserwirtschaft, Husum

Im Zusammenhang mit den Betriebsgrößen-Verhältnissen ist das Diagramm über die Bewirtschaftung der Landnutzungsflächen sowie über Eigen- und Pachtlandanteile von besonderem Interesse (vgl. hierzu Abb. 17 bzw. Tab. 4 im Anhang). Die Graphik macht deutlich, daß die Aufstockung weitgehend über Zupachtung erfolgt ist; auf allen Halligen zusammen liegt sie mit fast 35 % etwas über dem Eigenlandanteil. Zwar bewirtschaften die aktiven Landwirte noch über 67 % der gesamten Halligländereien – doch läßt hier erst eine differenzierte Betrachtung der einzelnen Halligen interessante Schlüsse zu. Dies gilt insbesondere für die beiden Halligen Oland und Gröde, die bei der Landnutzung durch Nicht-Landwirte mit 75,5 % bzw. 71,6 % die höchsten Werte erreichen und damit zugleich ein sicheres Indiz dafür liefern, daß es auf diesen beiden Halligen heute im Grunde keine funktionsfähige Landwirtschaft mehr gibt.

Den augenblicklichen Stand der Landwirtschaft auf allen Halligen gibt Tabelle 9 in einer Übersicht wieder. Sie beinhaltet zum Teil eine Zusammenfassung bereits erwähnter oder interpretierter Fakten und zeigt zugleich auch die enge Verknüpfung von Landwirtschaft und Fremdenverkehr auf. Waren es auf Hooge im Jahre 1971 noch 18 Landwirte, die ihren Lebensunterhalt vorwiegend in der Landwirtschaft verdienten, so hat sich diese Zahl im Laufe von zehn Jahren auf ein Drittel reduziert. Auf Langeneß sind es immerhin noch zwölf Landwirte, die ihren Verdienst vorwiegend, d. h. über 50 %, aus der Landwirtschaft beziehen; davon leben drei Landwirte auschließlich von ihren Betriebseinkünften, auf Hooge ist es nur einer – es handelt sich dabei um einen auslaufenden Betrieb. Im übrigen macht die Übersicht u. a. auch deutlich, in welchem großen Umfang die Landwirte auf zusätzliche Nebenerwerbsquellen angewiesen sind. So handelt es sich bei der überwiegenden Zahl landwirtschaftlicher Betriebe um Kombinationen mit dem Fremdenverkehrssektor. Für beide Betriebsformen sei im folgenden mit Einverständnis der betreffenden Betriebsinhaber ein Beispiel angeführt:

1. Betrieb Johannsen, Honkenswarft, Hallig Langeneß (Stand 1981)
Der Betrieb Johannsen wird vom Eigentümerehepaar als *Vollerwerbsbetrieb* bewirtschaftet. Damit ist dieser Betrieb eine ganz seltene *Ausnahme unter den Halligbetrieben.*
Die *landwirtschaftliche Nutzfläche* beträgt 66 ha; davon sind 15 ha Zupacht. Einen Stall auf Peterswarft hat der Betriebsinhaber hinzugepachtet.
Viehbesatz: etwa 28 Kühe und 70 Stück Jungvieh; kein Pensionsvieh.
Maschinenbesatz:
a) *Außenwirtschaft:* 2 Schlepper (50 PS/20 PS), 1 Anhänger, 1 Kreiselmäher, 1 Kreiselwender, 1 Hochdruckpresse, $^1/_2$ Anteil an einem Güllewagen.
b) Milchwirtschaft: Milchabsauganlage, Zentrifuge, Kühltruhe (zum Einfrieren des Rahms).
Der Rohertrag des Beriebes setzt sich wie folgt zusammen:
– Bei einer Milchleistung von ca. 3200 kg/Kuh/Jahr (Landesdurchschnitt 4600 kg) und einem Verkaufserlös durch Rahmverkauf an die Adelbyer

Meierei von 0,31 DM/Liter ergibt sich ein Ertrag von knapp 28 000 DM/Jahr. Die Magermilch wird im Betrieb verfüttert; bei einem Wert von 0,08 DM/Liter schlägt sie rechnerisch mit einem Betrag von ca. 7100 DM zu Buche (zum Vergleich: der Erzeugerpreis für 1 l Milch liegt im Landesdurchschnitt bei fast 0,60 DM!)

- Erlös durch Verkauf von 28 Stück Magervieh zum Preis von DM 1500 (Rinder) bzw. 1800 DM (zweijährige Ochsen) je Stück.
- Ausgleichszulage nach dem „Bergbauernprogramm": ca. DM 10 000/Jahr.

Probleme bei der Betriebsführung: Neben den im allgemeinen Text schon erwähnten halligspezifischen Bewirtschaftungsnachteilen sind für den Betrieb Johannsen folgende Probleme besonders von Bedeutung:
Ungefähr ein Drittel des Winterfutters muß zugekauft werden. Während die jährlichen Aufwendungen für Futter- und Düngemittel gestiegen sind (zur Zeit müssen im Jahr ca. 3000 DM für Düngemittel, tierärztliche Betreuung und Sonstiges aufgewendet werden), war in den letzten Jahren keine wesentliche Steigerung des Verkaufserlöses pro Stück Vieh zu verzeichnen.
Die vom Besitzer angestrebte Flächenaufstockung ist nicht möglich, da zur Zeit keine Zupachtmöglichkeit (wegen der vorteilhafteren Pensionsviehhaltung durch zahlreiche Nicht-Landwirte) besteht. Auch eine Vergrößerung des Viehbestandes kommt nicht in Frage, da aufgrund fehlender Warftfläche keine Lagermöglichkeit für Silage besteht.
Aufgrund der schlechten Futtergrundlage (witterungsbedingt sowie durch den starken Gänsebefall) im Jahr 1981 war der Landwirt sogar gezwungen, den größten Teil seines Viehbestandes zu verkaufen. Wegen des fehlenden Winterfutters kann er die 43 Stallplätze in dem zugepachteten Wirtschaftsgebäude gar nicht und seinen eigenen Stall im Winter 1981/82 nur teilweise nutzen.

Landwirtschaftlicher Vollerwerbsbetrieb Johannsen auf der Honkenswarft, Langeneß

2. Betrieb Boysen, Hunnenswarft, Hallig Langeneß (Stand 1981)

Der Betrieb wird als Teilerwerbsbetrieb vom Eigentümerehepaar bewirtschaftet. Ca. 50 % des Gesamteinkommens wird in der Landwirtschaft erzielt, der Rest durch einen Malerbetrieb (der Betriebsinhaber ist Malermeister), durch Schulbus- und Taxifahrten (mit einem VW-Bus) sowie durch den Fremdenverkehr (fünf Gästezimmer).

Die *landwirtschaftliche Nutzfläche* beträgt ca. 27 ha; davon sind 12 ha Pachtland.

Die *Gebäude* wurden im Rahmen des „Ersten Halligsanierungsprogramms" 1963 neu errichtet. Im Jahr 1973 wurde vom Betriebsinhaber der Stall in eigener Initiative umgebaut; anstelle von ursprünglich 20 Stallplätzen besteht seitdem ein Laufstall für 32 Tiere.

Viehbesatz: 8 Kühe und 29 Stück Jungvieh (unter 2 Jahren), kein Pensionsvieh.

Maschinenbesatz: 1 Schlepper (30 PS), 1 Kreiselmäher, 1 Förderband, 1 Heuspinne, $^1/_2$ Anteil an einem Güllewagen, $^1/_3$ Anteil an einer Heupresse.

Der aus dem Betrieb *erwirtschaftete Rohertrag* setzt sich wie folgt zusammen:
– Rahmverkauf an die Adelbyer Meierei: ca. DM 7000/Jahr
– Viehverkauf: ca. 10 Stück Magervieh/Jahr; Verkaufserlöse zwischen 1500 DM (weibliche Tiere) und 1800 DM (zweijährige Ochsen) je Stück
– Ausgleichszulage nach dem „Bergbauernprogramm": ca. 4000 DM/Jahr

Probleme der Betriebsführung: Die Futterverknappung dieses Jahres hat zu ähnlichen Schwierigkeiten geführt wie in dem geschilderten vorangegangenen Fall. Allerdings hat sich der Betriebsinhaber entschlossen, seinen Viehbestand im Winter zu halten. Dafür hat er für 5000 DM Futter zugekauft, obwohl er schon heute weiß, daß sich dieser Zukauf nicht rentieren wird.

Kombinationsbetrieb Boysen auf Hunnenswarft, Langeneß – im Vordergrund der sanierte Fething

In den beiden oben angeführten exemplarischen Fällen handelt es sich um junge Landwirte, die willens sind, ihre Landwirtschaft weiterzuführen. Jedoch sind dieser Bereitschaft Grenzen gesetzt, wenn die Landwirtschaft auf den Halligen nicht weitere Hilfen bzw. Förderungen erfährt. Mahnendes Beispiel ist die Entwicklung von zwei landwirtschaftlichen Betrieben auf Hooge, deren junge Betriebsleiter noch vor wenigen Jahren für eine hoffnungsvolle Zukunfsperspektive der Landwirtschaft auf den Halligen standen – heute kapitulieren sie vor den unüberwindbar scheinenden Schwierigkeiten, geben ihre Betriebe auf, nutzen ihre Landflächen ausschließlich über Pensionsviehhaltung und wenden sich dem lukrativeren Fremdenverkehrssektor zu. So wird es bereits 1982 in der Altersgruppe unter 40 Jahren keinen Landwirt mehr auf Hooge geben (vgl. hierzu Tab. 10).

Tab. 10: Die Altersgliederung der aktiven Landwirte – Stand 1981

Alter	Hooge	Langeneß	Oland	Gröde	Nordstrandischmoor	Gesamt
20 – 30	–	3	–	–	1	4
31 – 40	1	5	–	–	–	6
41 – 50	3	1	–	–	–	4
51 – 60	3	3	–	–	2	8
61 – 70	–	1	2	1	–	4
über 70	–	–	–	–	–	–
Gesamt	7	13	2	1	3	26

Die zurückgegangenen Zahlen der Hallig-Höfe auf Hooge, Oland und Gröde sind wohl der sicherste Hinweis auf den mangelnden Anreiz, den die Landwirtschaft offenbar auf die jüngere Generation ausübt.

Ein Blick auf die nachfolgende Kartierung ,,Die aktiven Landwirte auf Hooge – Landnutzungs- und Besitzverhältnisse" im Jahr 1981 läßt einige Probleme deutlich hervortreten, die aus dem Rückgang der Landwirtschaft und aus dem zwischenzeitlich auftretenden Überangebot an Landnutzungsflächen resultieren. Exemplarisch sei auf den Betrieb Binge hingewiesen, der seinen ursprünglich 15 ha großen Betrieb durch Zupachtung von 70 ha LN, die fast über die gesamte Hallig verstreut liegen, beträchtlich erweitert hat. Da er nicht über genügend Stallplätze verfügt, bewirtschaftet er sein Land außer mit seinem eigenen Vieh mit 73 Stück Pensionsvieh (vgl. hierzu auch Abb. 15). Die weite Streulage seiner Ländereien würde den Halligbauern im Falle eines plötzlichen ,,Landunters" vor große Probleme stellen – er wäre kaum in der Lage, sein über die ganze Hallig verstreut weidendes Vieh rechtzeitig zu bergen.

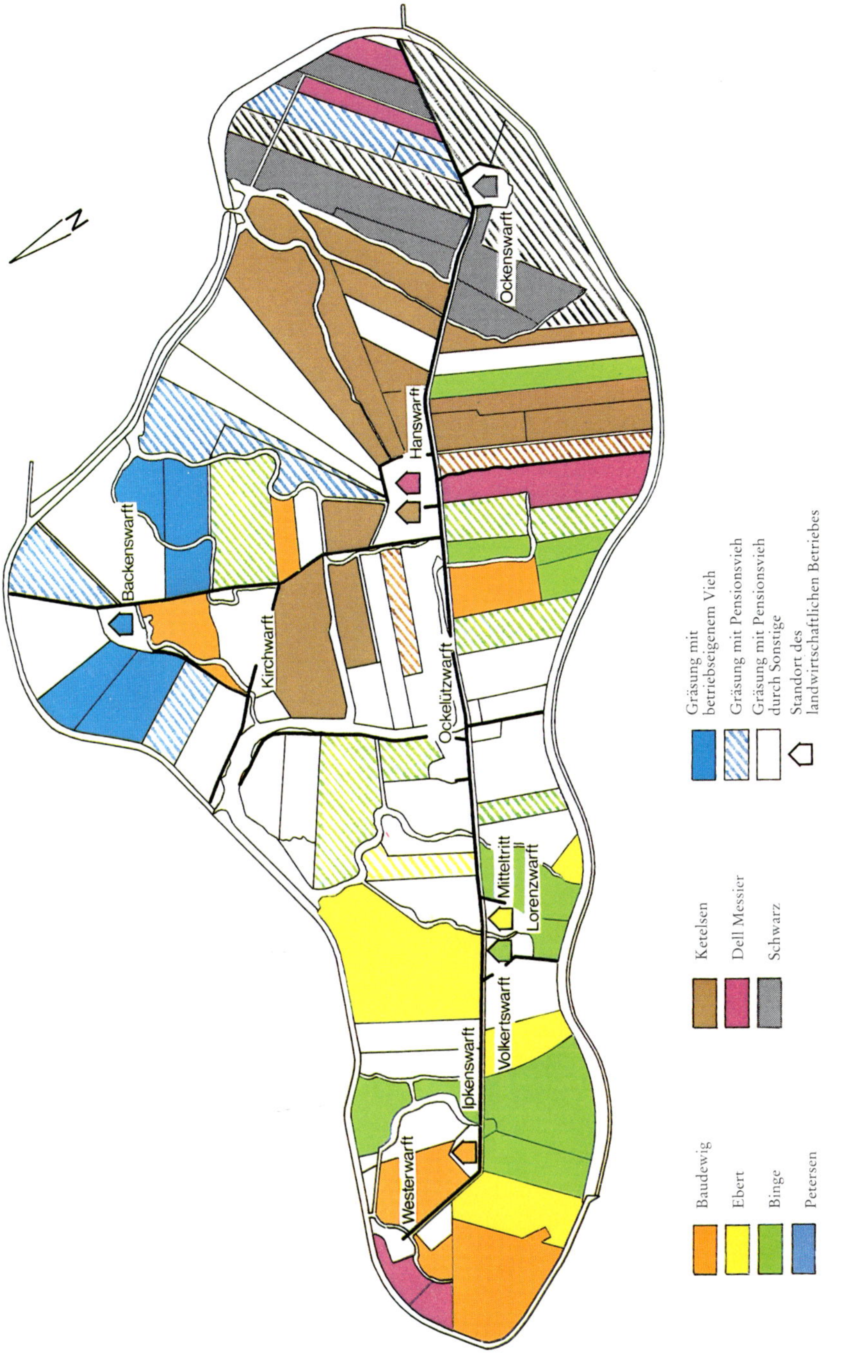
N
Ockenswarft
Hanswarft
Backenswarft
Kirchwarft
Ockelützwarft
Mitteltritt
Lorenzwarft
Volkertswarft
Ipkenswarft
Westerwarft
Baudewig
Ebert
Binge
Petersen
Ketelsen
Dell Messier
Schwarz
Gräsung mit betriebseigenem Vieh
Gräsung mit Pensionsvieh
Gräsung mit Pensionsvieh durch Sonstige
Standort des landwirtschaftlichen Betriebes

Abb. 18: Die aktiven Landwirte auf Hooge – Landnutzungs- und Besitzverhältnisse – Stand 1981

„Landunter" auf Langeneß – das Vieh wird bei auflaufendem Hochwasser auf die Warft Hilligenlei in Sicherheit gebracht

Bis an das Ende der 70er Jahre war der Rückgang der Landwirtschaft fast identisch mit der ständig schrumpfenden Zahl der Milchlieferanten auf den Halligen. In neuester Zeit ist allerdings auch zu beobachten, daß insbesondere jüngere Landwirte die Milchviehhaltung aufgeben und zur arbeitsextensiveren Form der Mastviehwirtschaft übergehen. Dies ist der Zeitpunkt, in dem die Landwirtschaft vollends in den Rang des ersten oder gar zweiten Nebenerwerbs zurückfällt. In einigen Fällen signalisiert dieser Schritt bereits den Übergang zur reinen Pensionsviehhaltung.

Dies alles bedeutet zwar einen tieferen Einschnitt in das soziale Gefüge der Hallig-Bevölkerung, muß aber unter zwei Grundvoraussetzungen nicht sonderlich beängstigend sein:

- wenn eine weitere Bewirtschaftung der Halligländereien gewährleistet ist, was hinsichtlich der Funktion der Halligen als Wellenbrecher unabdingbare Voraussetzung sein muß;

- wenn für die Landwirte, deren Einkünfte nicht mehr ausreichen, alternative Erwerbsmöglichkeiten gefunden werden.

Im übrigen sei an dieser Stelle angemerkt, daß der größte Teil der Betriebsstillegungen durch ältere Halliglandwirte erfolgte, die anschließend von der Altersversorgung lebten.

102

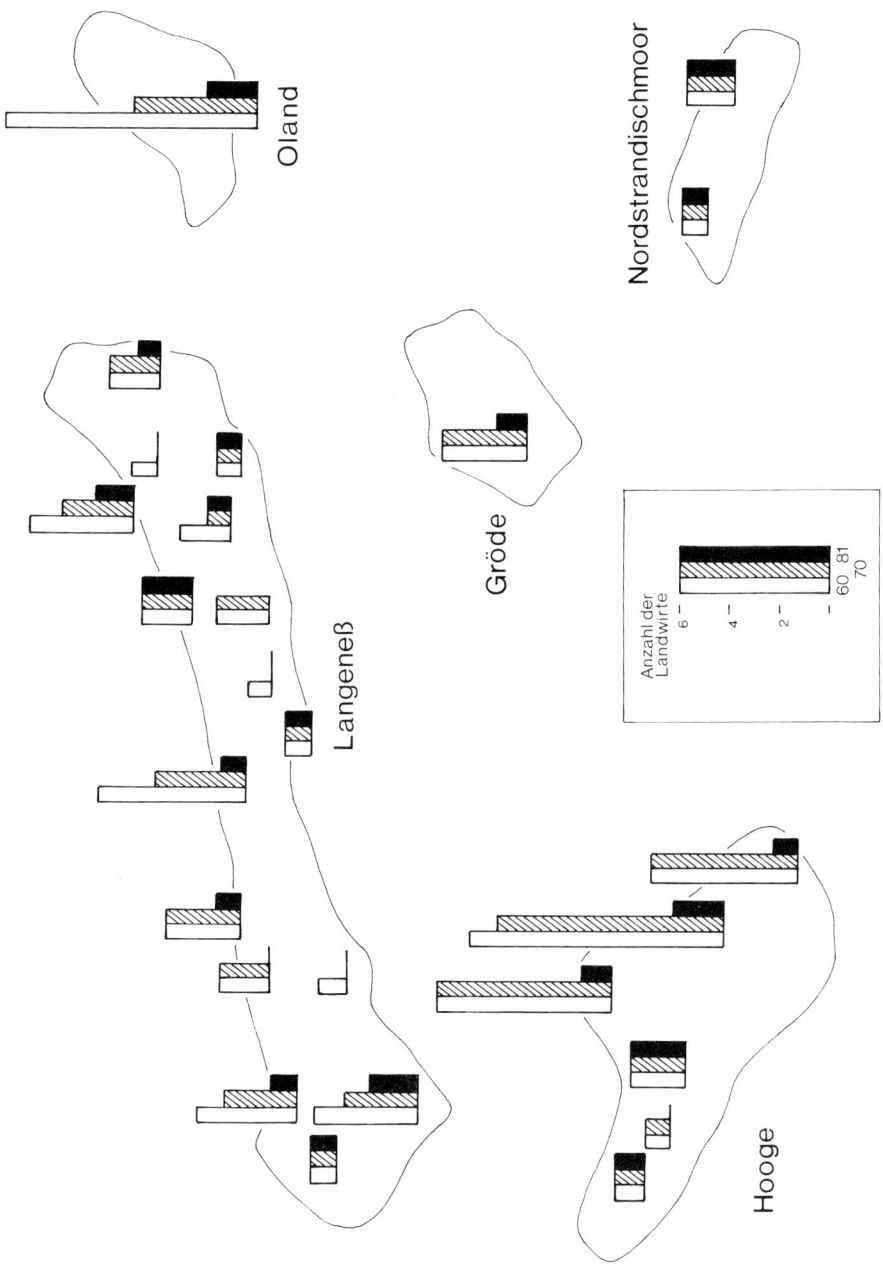

Abb. 19: Landwirte mit ganzjähriger Viehhaltung – 1960, 1970 und 1981

103

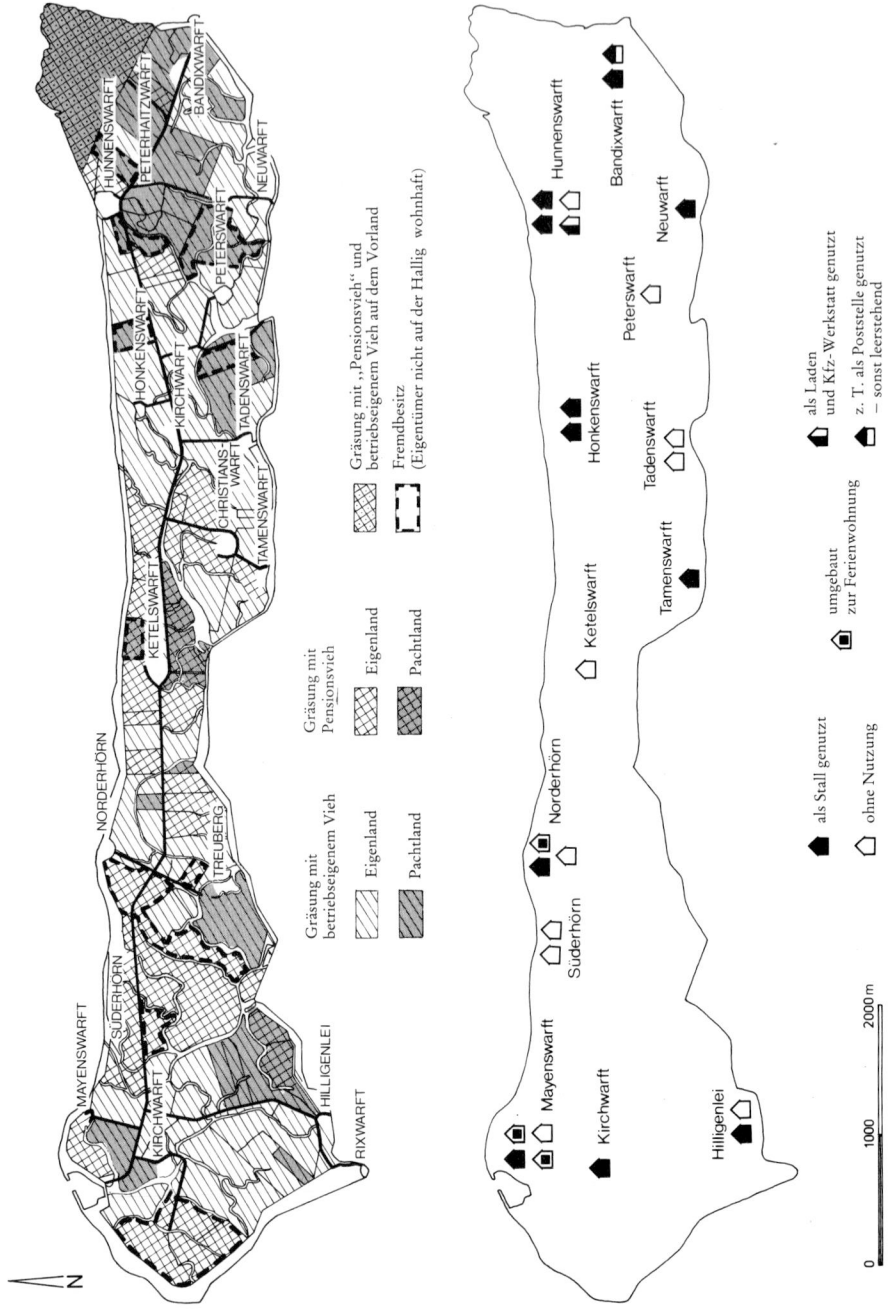

Abb. 20: Situation der Landwirtschaft auf Hallig Langeneß 1981

Abb. 21: Heutige Nutzung der auf Langeneß 1961–67 im Rahmen des „Programm Nord" sanierten Landwirtschaftsgebäude – Stand 1981

104

Unbestritten ist, daß die Fortsetzung der Landbewirtschaftung – ganz gleich welcher Art – Voraussetzung für die Erhaltung und die künftige Entwicklung der Halligen ist. Die Situation auf einigen kleineren Halligen zeigt, daß eine externe Bewirtschaftung des Halliglandes prinzipiell möglich ist. Indes wird es zumindest auf den beiden größeren Halligen auch in Zukunft einige wenige Landwirte geben müssen, wenn Landschaftsschutz bzw. Landschaftspflege – u. a. zwei wichtige Grundvoraussetzungen für das Funktionieren des Fremdenverkehrsgewerbes auf den Halligen – gewährleistet sein sollen. Diese Halligbauern müssen jedoch mit zunehmenden Schwierigkeiten fertig werden – und dies wiegt umso schwerer, als unter den gegebenen Standort- und Produktionsbedingungen die im einzelbetrieblichen Förderungsprogramm enthaltenen Schwellenwerte entwicklungsfähiger Betriebe für die Halliglandwirte praktisch nicht anwendbar sind. Dennoch wird es in Konsequenz der Hilfs- und Förderungsmaßnahmen der letzen 20 Jahre auch künftig zu den Aufgaben des Staates gehören müssen, wirtschaftlich intakte Betriebe auf den Halligen zu erhalten.

2. Gebäudenutzungswandel

Ein Vergleich der beiden vorangegangenen Kartierungen (vgl. hierzu Abb. 20 und 21) zeigt am Beispiel von Langeneß die weitreichenden Konsequenzen des Landnutzungswandels auch für die Gebäudenutzung auf. Dies ist insbesondere hinsichtlich *der* landwirtschaftlichen Gebäude von größtem allgemeinen Interesse, die in der Zeit von 1961–1967 mit öffentlichen Mitteln großzügig saniert worden sind. Auf dem Hintergrund des oben skizzierten rapiden Rückgangs der Zahl landwirtschaftlicher Betriebe kann die in Tabelle 11 erfolgte Zusammenstellung der heutigen Gebäudenutzungen keine allzu große Überraschung mehr auslösen. Dennoch vermittelt sie eine recht negative Bilanz *dieses* Teils des „Ersten Halligsanierungsprogramms" – ohne Zweifel löst es Betroffenheit aus, wenn 14 Jahre nach Abschluß des „Ersten Halligsanierungsprogramms" festgestellt werden muß, daß auf allen Halligen zusammen in den seinerzeit 51 sanierten landwirtschaftlichen Gebäuden 18 Ställe praktisch leerstehen, 13 für anderweitige Nutzungen umfunktioniert wurden und lediglich 20 ihrer ursprünglichen Zweckbestimmung gemäß bewirtschaftet werden.

Während auf Langeneß „lediglich" die Hälfte aller sanierten Ställe nicht mehr landwirtschaftlich genutzt wird, sind es auf Hooge über 75 %, d. h. von den 16 seinerzeit sanierten Höfen sind heute nur noch drei in Betrieb. Indes konnte auf Hooge eine relativ hohe Zahl (7,5) ehemaliger Ställe einer anderweitigen Nutzung zugeführt werden. Allerdings erfolgte dies nur auf den beiden größten Warften, Hans- und Backenswarft, wo angesichts der starken Ausrichtung auf den Fremdenverkehrssektor größerer Raumbedarf bestand. Die ehemaligen Ställe sind entweder zu einer Pension, zu einem Jugendlager, zu einem Laden oder zu Gaststätten umfunktioniert worden, bzw. sie werden heute partiell als Pferdestall, als Ausstellungsraum der Schutzstation Wattenmeer, als Post, als Kfz-Werkstatt und in einem Fall als ALW-Lager genutzt.

Tab. 11: Nutzung der 1961−67 sanierten Landwirtschaftsgebäude − Stand 1981

	Gesamt-zahl	landwirtsch. Nutzung	ohne Nutzung	umfunk-tioniert
Hooge:	16	3	5,5	7,5
Backenswarft	3	−	1	2
Hanswarft	7	1	0,5	5,5
Ockelützwarft	2	−	2	−
Mitteltritt	1	1	−	−
Ipkenswarft	1	1	−	−
Ockenswarft	2	−	2	−
Langeneß:	26	13	8,5	4,5
Hilligenlei	2	2	−	−
Kirchhofswarft	1	1	−	−
Maienswarft	4	1	1	2
Süderhörn	2	−	2	−
Norderhörn	3	1	1	1
Ketelswarft	1	−	1	−
Tamenswarft	1	1	−	−
Honkenswarft	2	2	−	−
Tadenswarft	2	−	2	−
Peterswarft	1	1*	−	−
Hunnenswarft	4	2	1	1
Neuwarft	1	1	−	−
Bandixwarft	2	1	0,5	0,5
Oland:	3	−	2	1
Gröde:	3	1	2	−
Nordstrandischmoor:	3	3	−	−
Gesamt:	51	20	18	13

* Der Stall ist an einen Landwirt verpachtet; das Wohngebäude wird von der Schutzstation Wattenmeer genutzt.

Auf den kleineren Hooger Warften bzw. auf den anderen Halligen ist es schwieriger, die leerstehenden landwirtschaftlichen Gebäude anderweitig sinnvoll zu nutzen, wozu generell die Möglichkeit gegeben ist, seit die Landwirte sanierter Gebäude aus der ihnen seinerzeit auferlegten Bindung zu landwirtschaftlicher Nutzung entlassen worden sind. Jedoch wären zuvor hohe bauliche Investitionen notwendig, die angesichts der schwierigen Einkom-

Ehemaliger sanierter landwirtschaftlicher Betrieb auf der Backenswarft, Hooge –
umfunktioniert zu einer Pension

Sanierter Stall auf der Hanswarft, Hooge – umfunktioniert zum Lebensmittel-Laden

Jugendlager auf der Volkertswarft, Hooge – das seinerzeit nicht sanierte Landwirt-schaftsgebäude wurde in Eigeninitiative zum Jugendlager umfunktioniert (1970)

Fremdenverkehrs-Betrieb auf der Lorenzwarft, Hooge – nachdem die Landwirt-schaft nicht mehr rentabel betrieben werden konnte, wurde der Stall mit Ferienwoh-nungen ausgebaut (1980)

menslage der Halligbewohner als besonders problematisch zu beurteilen sind. Erschwerend kommt hinzu, daß sich höhere Investitionen angesichts der zu kurzen Fremdenverkehrssaison auf Langeneß sowie auf den kleineren Halligen kaum rentieren würden.

Es muß betont werden, daß von den 18 leerstehenden sanierten Ställen lediglich einer auf Peterswarft, Langeneß, an einen Landwirt verpachtet ist und damit einen Beitrag für die dringend gebotene Betriebsaufstockung leistet. Hierzu sei bemerkt, daß zum einen die Streulage der Warften weitere Verpachtungen erschwert, die Besitzer leerstehender Ställe teilweise aber auch Umbaupläne zwecks Umfunktionierung (meist für die Zimmervermietung) hegen, von denen sie sich eine einträgliche Nutzung versprechen, die zur Zeit aber an der nicht durchführbaren Finanzierung scheitern.

Die Zahl leerstehender oder auch in der Regel für eine Fremdenverkehrsnutzung umgebauter ehemaliger Ställe erhöht sich noch beträchtlich, wenn man die seinerzeit nicht sanierten Höfe berücksichtigt.

Die nachfolgenden Kartierungen zur Gebäudenutzung veranschaulichen exemplarisch den Strukturwandel, den insbesondere Hooge im vergangenen Jahrzehnt durchgemacht hat. Die für die landwirtschaftliche Nutzung stehende Signatur ist 1981 fast völlig verschwunden zugunsten für eine Umwidmung auf den Dienstleistungssektor, der in der Regel mit dem Fremdenverkehr verknüpft ist oder durch ihn initiiert wurde. Auch zeigen die Darstellungen, daß Zimmervermietung in fast allen Haushalten eine wichtige Nebenerwerbsquelle ist. Schließlich sei auf die Zweitwohnsitze hingewiesen, von denen es heute auf Hooge bereits 7 gibt, auf Langeneß sind es 5. Für Häuser, die zum Verkauf stehen, gibt es teilweise verlockende Angebote von Großstädtern, für die die Halligen in ihrer Einmaligkeit ein attraktiver Feriensitz sind. Jedoch bedeuten die Besitzer von Zweitwohnungen für die Halligwirtschaft kaum einen Gewinn, und zur Erhaltung der Halligen können sie ebenfalls kaum beitragen, zumal sie während der sturmflutgefährdeten Herbst- und Wintermonate in der Regel nicht präsent sind. So traten bisher Land, Kreis und Halliggemeinden in einigen solcher Fälle als Käufer auf und haben somit einer Überfremdung und wirtschaftlichen Schwächung der Halligen vorgebeugt. Doch sind weiteren Käufen wegen der geringen Finanzkraft der Gemeinden und des Kreises enge Grenzen gesetzt. Es ist also abzusehen, daß in nicht zu ferner Zukunft weitere frei werdende Gebäude als Zweitwohnsitze erworben und genutzt werden.

Die veranschaulichten Gebäudenutzungen für Oland sowie für die Hunnenswarft und die Ketelswarft auf Langeneß stehen zugleich beispielhaft für die betreffenden Halligen; sie machen den jetzigen Zustand, aber auch künftige Probleme sichtbar. An dieser Stelle sei eindringlich auf die Gröder Knudtswarft sowie auf die Situation der Ketelswarft hingewiesen. Auf beiden Warften gibt es praktisch keine Landwirtschaft mehr, andererseits ist der Fremdenverkehr auch nicht zu einer tragenden Erwerbsquelle geworden. Vielmehr ist ein relativ hoher Rentneranteil festzustellen, die umliegenden Landnutzungsflächen sind verpachtet oder mit Pensionsvieh beweidet. Die

Abb. 22: Gebäude und ihre Nutzung auf Backenswarft (Hooge) 1970

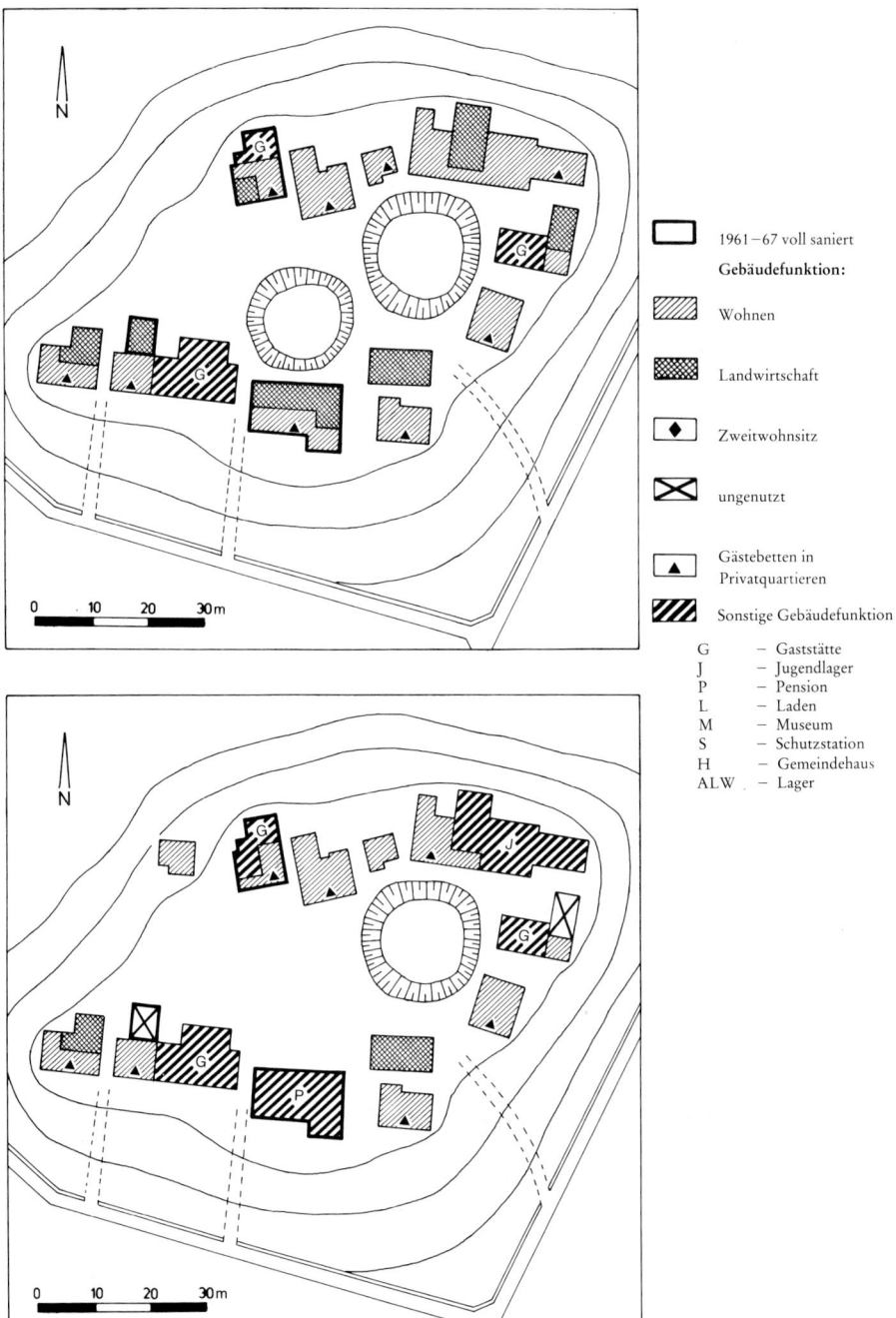

Abb. 23: Gebäude und ihre Nutzung auf Backenswarft (Hooge) 1981

Abb. 24: Gebäude und ihre Nutzung auf Hanswarft (Hooge) 1970

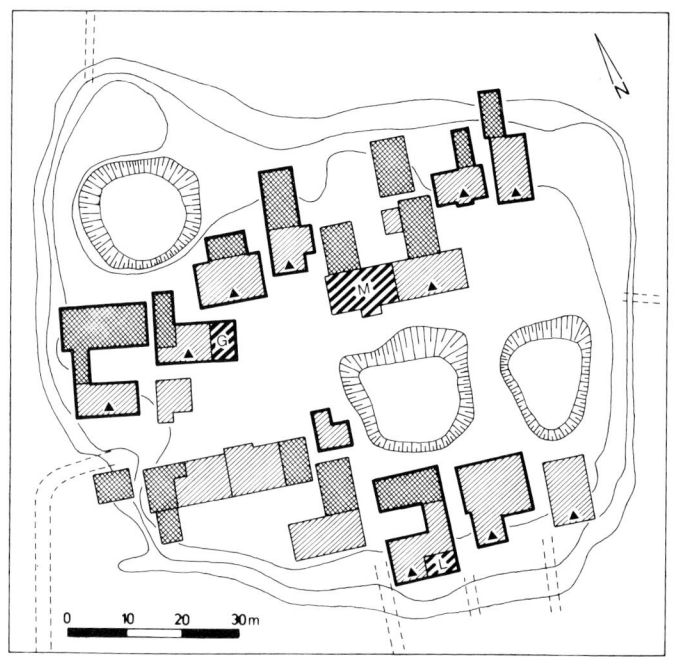

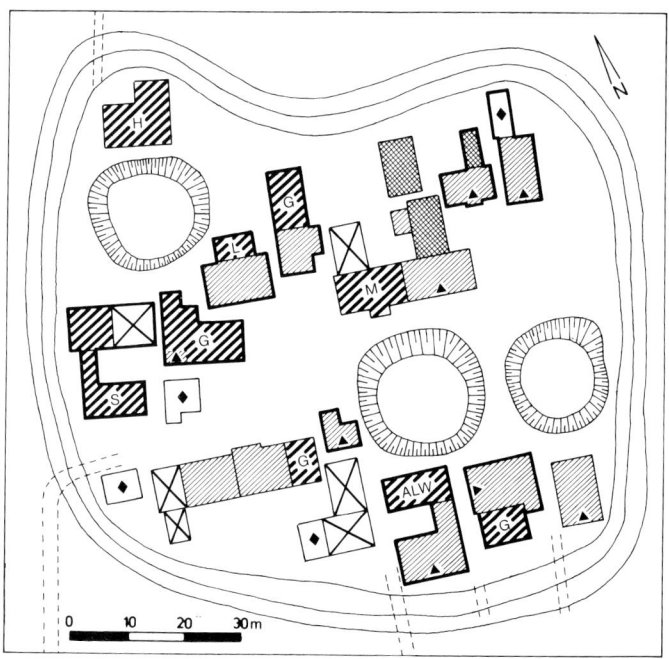

Abb. 25: Gebäude und ihre Nutzung auf Hanswarft (Hooge) 1981

111

Abb. 26: Gebäude und ihre Nutzung auf Hunnenswarft (Langeneß) 1981

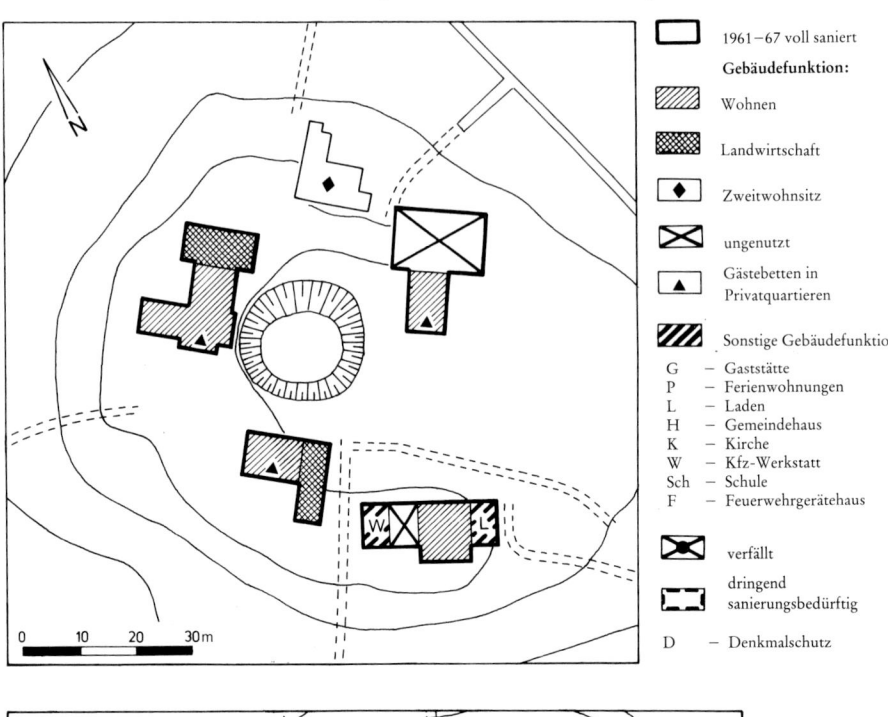

1961–67 voll saniert

Gebäudefunktion:

Wohnen

Landwirtschaft

Zweitwohnsitz

ungenutzt

Gästebetten in Privatquartieren

Sonstige Gebäudefunktion

G — Gaststätte
P — Ferienwohnungen
L — Laden
H — Gemeindehaus
K — Kirche
W — Kfz-Werkstatt
Sch — Schule
F — Feuerwehrgerätehaus

verfällt

dringend sanierungsbedürftig

D — Denkmalschutz

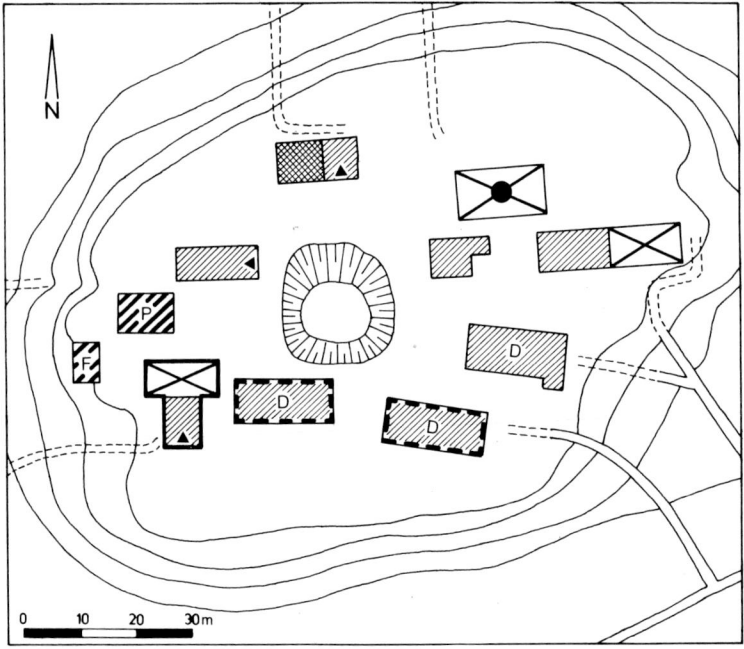

Abb. 27: Gebäude und ihre Nutzung auf Ketelswarft (Langeneß) 1981

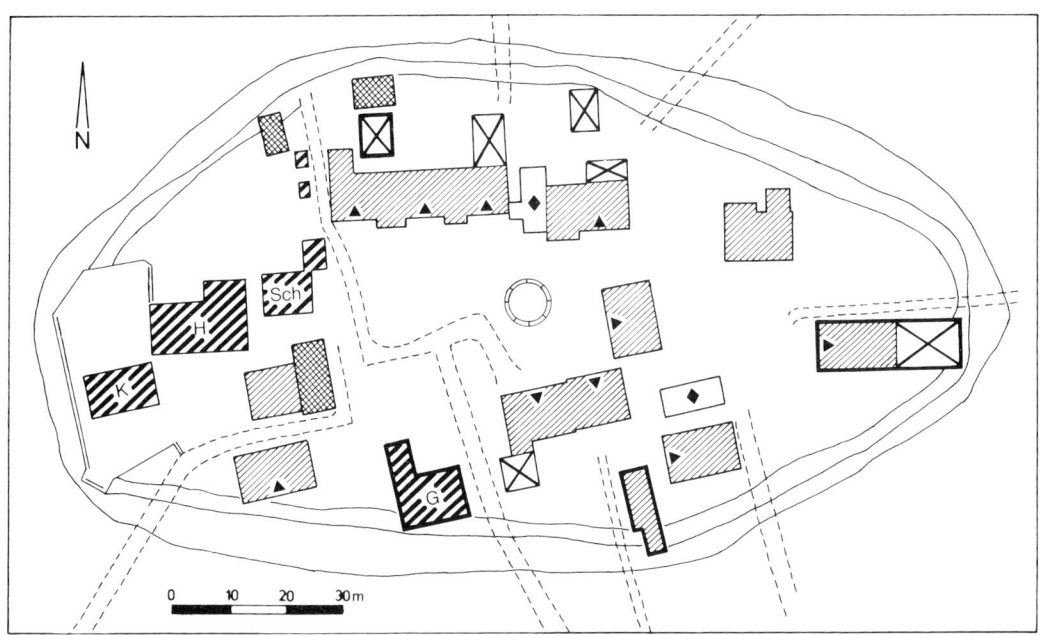

Abb. 28: Gebäude und ihre Nutzung auf Oland 1981

Die Oländer Warft aus der Vogelperspektive – deutlich tritt der Ringdeich hervor, der den zu tief liegenden Gebäuden Schutz gegen Überflutungen geben soll

113

Gebäude sind zum Teil ungenutzt oder verfallen gar. So ist es sicherlich kein Zufall, daß auf der Ketelswarft ein altes Hallighaus durch den Kreis Nordfriesland sowie ein weiteres durch die Gemeinde Langeneß käuflich erworben wurde. Man hat die beiden Gebäude wegen ihres selten gewordenen ursprünglichen Zustandes unter Denkmalschutz gestellt. Doch kann ihre heutige Nutzung noch keinesfalls als befriedigend bezeichnet werden, zumal eines dieser Gebäude stark sanierungsbedürftig ist. So sind überhaupt *die* Gebäude, die seinerzeit nicht saniert wurden, hinsichtlich ihrer weiteren Bewohnbarkeit bzw. im Hinblick auf eine weitere wirtschaftliche Nutzung als besonders problematisch zu bezeichnen.

Vielleicht sollte man in einigen solcher Fälle — ehe nicht gefragte Gebäude zu einer Belastung werden — tatsächlich den Mut zum Abbruch aufbringen und die so geschaffenen Freiflächen auf den beengten Warften als positive Ansatzpunkte für künftige Warftgestaltungen sehen — ein Gesichtspunkt, dem man bei den neuerlichen Maßnahmen zur Fethingverfüllung bereits teilweise Rechnung getragen hat.

Auf dem Hintergrund der Tatsache, daß einige Landwirte angesichts des Zwangs zur betrieblichen Aufstockung einen ausgesprochenen Mangel an Stallplätzen haben, andererseits ein zu differenzierender Bedarf an weiterem Ausbauraum für Fremdenverkehrsnutzungen herrscht, beinhaltet die am Ende dieses Abschnitts zu ziehende Bilanz eine das „Erste Halligsanierungsprogramm" belastende Beurteilung, zumal es sich bei den in großer Zahl leerstehenden Gebäuden um intakte sanierte Bausubstanz handelt. Daraus jedoch eine Fehlplanung ableiten zu wollen, wäre mit Sicherheit äußerst ungerecht, zumal am Beginn der 60er Jahre noch niemand die Entwicklung der Landwirtschaft, schon gar nicht auf den Halligen, vorauszusehen vermochte. Dennoch müssen die zum größten Teil mit Steuermitteln errichteten leerstehenden Gebäude in noch ernsthaftere Überlegungen für eine sinnvolle Nutzung für den Landwirtschaftssektor und insbesondere für jenen Wirtschaftszweig einbezogen werden, der für Hooge schon heute und für die übrigen Halligen perspektivisch die wichtigste Erwerbsgrundlage darstellen wird.

3. Aufblühen des Fremdenverkehrs

Sicherlich wäre die Landwirtschaft auf den Halligen nicht in dem Ausmaß sowie mit der teilweise zu beobachtenden Kompromißlosigkeit zurückgegangen, wenn sich als Alternative und auch lohnenderer Erwerbszweig nicht der Fremdenverkehr angeboten hätte. Zumindest wäre die Entwicklung nicht so sprunghaft verlaufen, wie sie insbesondere für Hooge aufgezeigt worden ist.

So negativ die Bewertung des in wesentlichen Teilen landwirtschaftlich ausgerichteten „Ersten Halligsanierungsprogramms" aus heutiger Sicht bezüglich der Erfolge für den landwirtschaftlichen Sektor im Fazit auch ausfallen mag — es lieferte dennoch mit seinen baulichen und infrastrukturellen Maßnahmen die Voraussetzungen dafür, daß heute noch für eine große Zahl von Halligbewohnern eine Existenzgrundlage gegeben ist, sei es auch im tertiären Sektor. Nur so konnte der Fremdenverkehr für die Halligen insgesamt eine ähnliche wirtschaftliche Bedeutung gewinnen, wie man sie vor 20 Jahren noch der Landwirtschaft einräumte. Als wichtigstes Indiz für diesen Wandel im Wirtschaftsgefüge der Halligen mag die enorme Steigerung der Betten- und Übernachtungszahlen gelten, die aus Tabelle 12 hervorgeht.

Tab. 12: Entwicklung des Fremdenverkehrs auf Hooge, Langeneß und Oland

JAHR	HOOGE			LANGENESS			OLAND	
	Betten in Pensionen u. Privat- quartieren	Betten in Jugendlagern und Schutz- stationen	Gesamtzahl der Über- nachtungen	Betten in Pensionen und Privat- quartieren	Betten in Jugendlagern und Schutz- stationen	Gesamtzahl der Über- nachtungen	Betten in Pensionen und Privat- quartieren	Gesamtzahl der Über- nachtungen
1955	30	–	2 000	20	–	800	12	300
1960	60	40	4 000	20	35	2 000	12	400
1965	160	80	9 000	90	45	6 000	35	1 000
1970	225	150	39 000	200	45	16 000	45	3 500
1975	250	190	43 000	210	55	17 000	47	4 000
1980	257	190	55 000	210	55	18 000	47	4 500

Die Zusammenstellung bestätigt, daß der Fremdenverkehr vor der Sanierung praktisch ohne Bedeutung war, der teilweise rapide Anstieg der Betten- und Übernachtungszahlen erfolgte dann im wesentlichen während der Sanierungsphase 1961–1967, wobei sich die Bettenzahlen seit 1971 nur noch unwesentlich verändert haben – hingegen die Übernachtungszahlen erheblich! Es ist wohl unbestritten, daß sich in dieser Übersicht der bedeutendste längerfristige Erfolg des ,,Ersten Halligsanierungsprogramms" widerspiegelt.

Insbesondere zu den angeführten Übernachtungszahlen von 1975 und 1980 muß angemerkt werden, daß es sich hier kaum um Angaben handelt, die man mit irgendeiner amtlichen Statistik zur Deckung bringen könnte, zumal diese lediglich die offizielle Saison berücksichtigt. Es sind vielmehr Werte, die auf Zählungen bzw. auf Schätzungen der jeweiligen Gemeinden beruhen. Wenn die Hallig Hooge dabei für 1980 eine durchschnittliche Belegdauer von 123 Übernachtungen pro Bett erreicht (für 1981 liegt diese Zahl noch höher), so mag diesen Werten etwas Zweckoptimismus zugrundeliegen. Unbestreitbar ist die Aussage jedoch in ihrer Tendenz; und so mag der große Erfolg von Hooge wohl in erster Linie mit der hohen Bettenauslastung sowohl in der Vor- als ganz besonders in der Nachsaison eine zutreffende Erklärung finden. Außerdem bestätigt dieser positive Trend – und dies belegen auch Urlauberbefragungen –, daß Hooge und teilweise auch die übrigen Halligen weniger ein Paradies für den klassischen Badegast sind, sondern vielmehr ein Urlaubsziel für fachlich interessierte Touristen sowie für individualistische Naturfreunde, die die Ruhe und Einmaligkeit der Halligwelt erleben wollen. Schließlich müssen in diesem Zusammenhang die drei Jugendlager hervorgehoben werden, die mit insgesamt ca. 190 Betten einen wesentlichen Anteil an den Hooger Übernachtungszahlen haben, zumal sie viele Gruppenreisende beherbergen, die auch in der Nebensaison zahlreich auf die Hallig kommen.

Der große touristische Erfolg von Hooge hat vielfältige Ursachen. Zum einen ist wohl die topographische Lage und überschaubare Gestalt von aus-

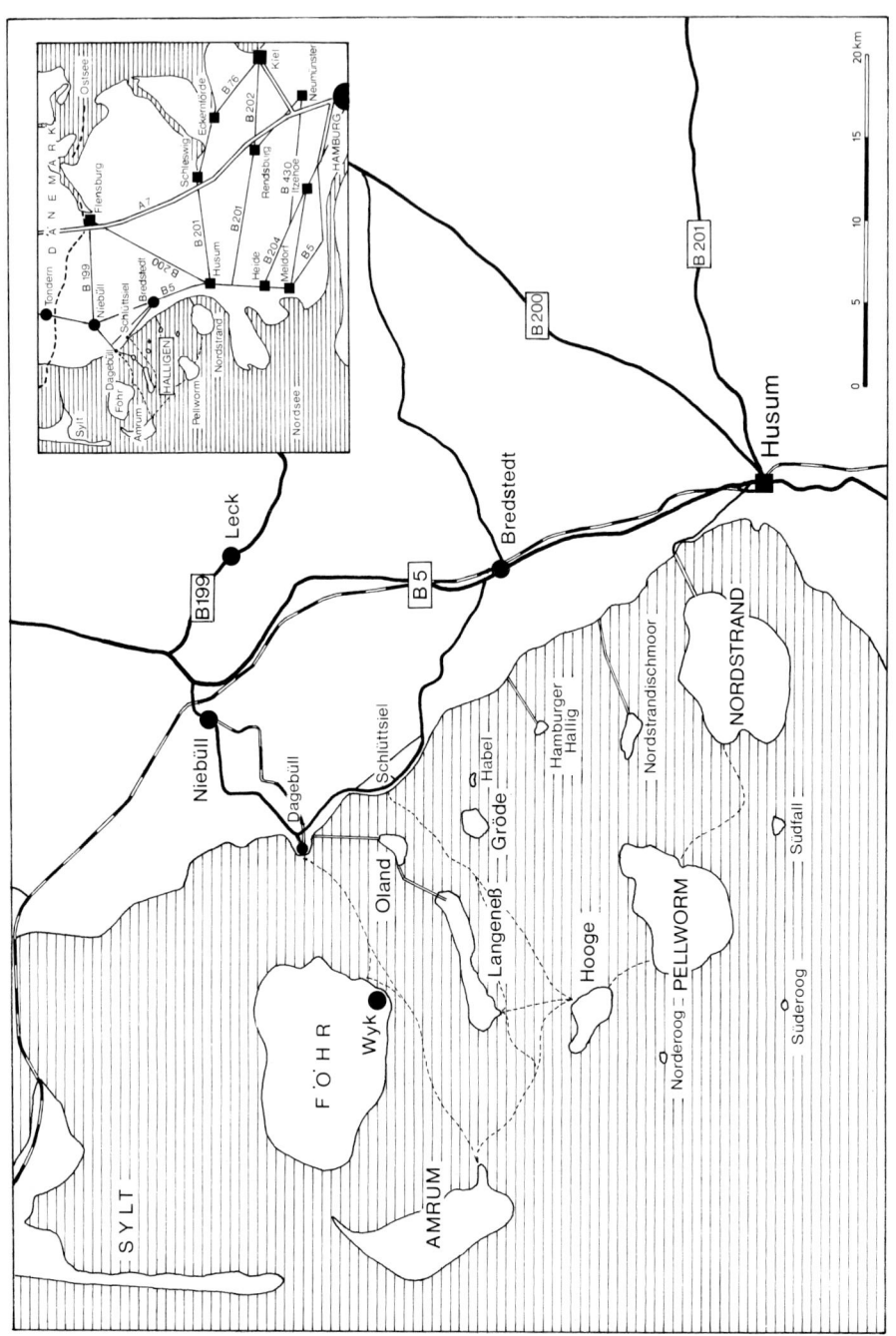

Abb. 29: Verkehrsanbindung der nordfriesischen Halligen

schlaggebender Bedeutung, die u. a. eine optimale innere Verkehrserschließung ermöglicht haben. Hinzu kommen einige weitere günstige Grundvoraussetzungen, wie etwa relativ gute Bademöglichkeiten, Ausgangspunkt für vielfältige Wattwanderungen, Möglichkeiten zu Rundwanderungen etc. Andererseits kann eine Fülle gezielter Aktivitäten der Gemeinde benannt werden, die zur Attraktivität der „Ferien-Hallig" wesentlich beitrugen. Dazu zählen u. a. der Bau eines Gemeindehauses, eine wesentlich verbesserte Gastronomie, Anlage von Spazierwegen und Badestellen, die Möglichkeit zur Ausleihe von Fahrrädern sowie Kutschfahrten, Reitmöglichkeiten etc. Auch hat man auf Hooge erkannt, daß ständige Veranstaltungsprogramme mit Vorträgen, Führungen, Besichtigungen sowie mit Wattwanderungen von ausschlaggebender Bedeutung sind – zumal an den recht häufigen Schlechtwettertagen. In diesem Zusammenhang muß die große Bedeutung der zu vielerlei Aktivitäten einladenden Schutzstation Wattenmeer hervorgehoben werden, auf die später noch näher eingegangen wird.

Sehr wichtig war es auch, daß auf die Vermehrung der Hooger Quartiere in den 70er Jahren eine Verbesserung folgte, die das Zimmerangebot sehr viel attraktiver gemacht hat. Und schließlich kann man ohne Übertreibung feststellen, daß Hooge ohne eine gezielte Werbung in Medien sowie auf Fachmessen nicht der touristische Erfolg beschieden gewesen wäre, der dieser Hallig in den letzten Jahren zuteil geworden ist. Die Gemeinde Hooge hat recht frühzeitig erkannt, wie wichtig die fachlich interessierten, zumeist in Gruppen anreisenden Touristen für die Gesamtbilanz des Halligtourismus sind. Als Hinweis hierfür mag u. a. die Tatsache gelten, daß die Gemeinde einen hauptamtlichen Studienleiter eingestellt hat, der bei der Programmgestaltung der Gäste eine wichtige Rolle spielt.

Auf der Basis von 210 Betten sowie 45 in einem Jugendlager ergibt sich für Langeneß lediglich eine Auslastung von 68 Tagen pro Bett. Allerdings sind die Grundvoraussetzungen für eine vergleichbare touristische Entwicklung auf Langeneß zweifellos nicht so günstig wie auf Hooge. Eine entscheidende Begründung dafür dürfte u. a. in der langgestreckten Ost-West-Ausdehnung zu suchen sein, die erhebliche Verkehrsprobleme in sich birgt und folglich einer weitergehenden touristischen Erschließung große Schwierigkeiten bereitet. Kann man auf Hooge vor allem die Hanswarft, aber auch die Backenswarft als kleine „Halligzentren" ansteuern, so fehlt auf Langeneß ein vergleichbarer Kristallisationspunkt völlig. Von ihrer geographischen Lage und Größe her würde sich die Ketelswarft dafür am ehesten anbieten, die damit eine wichtige Funktion für die Hallig übernehmen könnte. Doch ausgerechnet sie zählt – wie bereits deutlich wurde – zu den problematischsten, zumindest was die Überalterung und damit den hohen Rentneranteil sowie die teilweise schlechte Bausubstanz betrifft. Als positive Ansätze hinsichtlich einer denkbaren verstärkten touristischen Nutzung wären die beiden unter Denkmalschutz gestellten alten Hallighäuser sowie eine geglückte Fethingsanierung anzuführen. Jedoch fehlen echte Anziehungspunkte, die z. B. durch eine Gastwirtschaft, woran auf Langeneß ausgesprochener Mangel herrscht, gege-

Hanswarft auf Hallig Hooge – links im Bild das neue Gemeindehaus, daneben die Schutzstation Wattenmeer – Begleiterscheinung des Tourismus ist eine ständig ansteigende Zahl von Pferden

Der „Königspesel" – größter Anziehungspunkt auf der Hanswarft

ben sein könnten. − So ist es unbestreitbar, daß viele wichtige Grundvoraussetzungen, die Hooge seinen Touristen bieten kann, auf Langeneß nicht zu finden sind. Außerdem gibt es auf Langeneß nur ein relativ kleines Jugendlager, das wahrscheinlich in Kürze seinen Betrieb einstellen wird. Damit wären kaum mehr Möglichkeiten zur Unterbringung größerer Gruppen gegeben.

Folglich kommen vergleichsweise wenig Gruppenreisende auf die Hallig. Auch die Zusammenarbeit der bisher in der alten Schule auf Hilligenlei untergebrachten Schutzstation Wattenmeer mit der einheimischen Bevölkerung − aus welchen Gründen auch immer − klappte bisher nicht sonderlich gut, so daß eine durchaus werbewirksame Stütze für den Fachtourismus bisher praktisch entfiel. Denkbar ist jedoch, daß die seit 1980 in einem größeren Gebäude auf der Peterswarft untergebrachte Schutzstation nunmehr auf der Hallig Fuß faßt, und ihre Arbeit auch der touristischen Entwicklung der Hallig zugute kommt. Bisher gab es auf Langeneß praktisch keine Nebensaison, zumal in dieser Zeit auf der Hallig weilende Gäste stets Schwierigkeiten mit dem gastronomischen Angebot haben − sie sind kaum in der Lage, einen Mittagstisch oder eine voll in Betrieb befindliche Gastwirtschaft anzutreffen!

Andererseits besuchen zweifellos eine ganze Reihe von Gästen deshalb Langeneß, um dem Trubel auf der ihrer Meinung nach überfüllten Hallig Hooge zu entgehen. Diese Aussage findet in den nachfolgenden Tabellen 13 und 14 ihre Bestätigung, die auf der Grundlage sämtlicher auswertbarer Meldezettel der Hauptsaison 1980 auf Hooge und Langeneß erstellt wurden.

Der Anteil an Einzelreisenden, die in der Regel mehr Abwechslung und Unterhaltung suchen, ist auf Hooge aus vorgenannten Gründen wesentlich höher. Indes reisen relativ mehr Ehepaare und Familien mit Kindern nach Langeneß. Ein ähnlicher Trend konnte bereits 1970 festgestellt werden. Auffallende Bestätigung erhält diese Aussage auch durch Tabelle 14, die Aufschluß über die Altersstruktur der Gäste auf diesen beiden Halligen gibt. Von den hier nicht berücksichtigten Gruppenreisenden einmal abgesehen, ist der relative Anteil der bis zu 29jährigen Touristen von 19 % im Jahre 1970 auf 13 bzw. 10 % auf Langeneß im Jahre 1980 zurückgegangen, stattdessen kann ein großer Anstieg in den Altersgruppen 40 − 60 und darüber verzeichnet werden. So sehr man die Genauigkeit der zugrundeliegenden Zahlen auch anzweifeln mag, zumal aufgrund gar nicht oder nur lückenhaft ausgefüllter Meldezettel bei weitem nicht alle Dauergäste berücksichtigt werden konnten, so sehr sind die Tabellen jedoch geeignet, die oben skizzierte unterschiedliche Fremdenverkehrssituation auf den beiden großen Halligen in ihrer Tendenz zu belegen. Vielleicht liegt darin auch eine Chance des weniger touristisch entwickelten Langeneß: nicht nur dem Fremdenverkehrsboom auf Hooge nachzueifern, sondern noch bessere Voraussetzungen und Bedingungen für kostenbewußte Familienurlauber zu schaffen. Es ist nicht nur das Verlangen nach mehr Ruhe und Ungestörtheit, das Eltern mit Kindern nach Langeneß zieht, sondern es ist auch der vergleichsweise preisgünstige Urlaub, der Langeneß damit bei der Entscheidung − trotz sicherlich vieler vorhandener Nachteile − den Vorrang geben läßt.

Tab. 13: Zusammensetzung der Dauergäste auf Hooge und Langeneß 1970 und 1980 (in %)

| | HOOGE | | LANGENESS | |
	1970	1980	1970	1980
Einzelpersonen	21	32	10	12
Ehepaare (Personen zus.)	28	28	30	39
Familien mit Kindern				
(Personen zusammen)	51	40	60	49

Tab. 14: Alter der Dauergäste auf Hooge und Langeneß 1970 und 1980 * (in %)

| | HOOGE | | LANGENESS | |
	1970	1980	1970	1980
bis 29 Jahre	19	13	19	10
30 – 39 Jahre	24	24	14	19
40 – 49 Jahre	13	26	15	29
50 – 59 Jahre	15	19	17	16
60 Jahre und älter	29	18	35	26

* berücksichtigt sind nur Einzelpersonen und Ehepaare

Tab. 15: Aufenthaltsdauer der Dauergäste auf Langeneß und Hooge 1970 und 1980 (in %)

| | HOOGE | | LANGENESS | |
	1970	1980	1970	1980
1 – 7 Tage	23	44	13	32
8 – 14 Tage	25	33	27	32
15 – 21 Tage	41	18	57	34
über 21 Tage	11	5	3	2

Interessante Hinweise auf die Fremdenverkehrsstruktur von Hooge und Langeneß gibt ebenfalls eine vergleichende Betrachtung der Aufenthaltsdauer der Urlauber im Jahre 1970 und 1980 (vgl. hierzu Tab. 15). Der Anteil der Gäste, die ihren Jahresurlaub auf den Halligen verbrachten, ging sowohl auf Hooge als auch auf Langeneß stark zurück, statt dessen erhöhte sich der An-

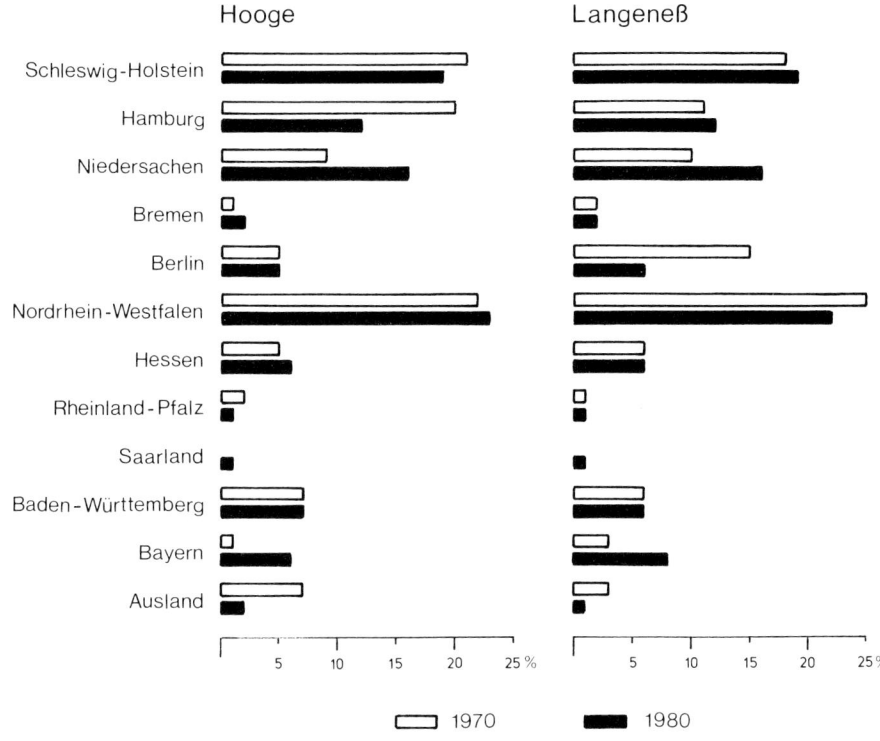

Abb. 30: Herkunft der Dauergäste auf Hooge und Langeneß 1970 und 1980

teil der Kurzurlauber beträchtlich. Die Begründung dafür liegt auf der Hand und wurde durch eine vom Verfasser im Jahre 1976 durchgeführte Urlauberbefragung eindrucksvoll bestätigt: Die Halligen sind in zunehmendem Maße das Ziel für Kurz- oder Zweiturlauber — dies betrifft insbesondere die Gruppe der Urlauber, die ohne Kinder anreisen.

Bei den längerfristig auf den Halligen weilenden Urlaubern liegt als Herkunftsgebiet das nordrhein-westfälische Industriegebiet mit einem Anteil von 23 % auf Hooge und 22 % auf Langeneß nach wie vor an der Spitze. Es folgen Gäste aus Schleswig-Holstein mit 19 % und Niedersachsen mit 16 % jeweils für beide Halligen. Die Urlauber aus Schleswig-Holstein kommen zum größten Teil aus dem ostholsteinischen Raum oder auch aus dem Hamburger Umland. Seit Jahren können recht konstante Besucherzahlen aus dem Bundesland Baden-Württemberg registriert werden. Es ist mit Sicherheit ein Erfolg gezielter Werbemaßnahmen, wenn in zunehmendem Maße auch Gäste aus Bayern ihren Urlaub auf den Halligen verbringen.

Es ist bereits angeklungen, daß die Schutzstation Wattenmeer wesentlichen

Eine Gruppe von Tagestouristen auf Hallig Hooge – im Hintergrund die Kirchwarft

Anteil am Fremdenverkehrsaufschwung von Hooge hat. Deshalb sollen an dieser Stelle einige weitere Anmerkungen zur Zielsetzung sowie zur Arbeit dieser Naturschutzeinrichtung erfolgen. Wesentliches Ziel der Schutzstation Wattenmeer, die im Jahre 1963 mit ihrer Arbeit begann, ist der vorbeugende Naturschutz durch eine intensive Bildungs- und Öffentlichkeitsarbeit. Vorrangige Absicht des Vereins ist es, durch die enge Verbindung von Theorie, praktischer Arbeit im Labor und unmittelbarem Naturerlebnis bei Hallig- und Wattexkursionen Verständnis zu wecken. Der Verein veranstaltet Tagungen und Seminare zu den Themenbereichen Botanik, Meeresbiologie, Wattökologie und Ornithologie. Die Vereinshäuser auf den Halligen Hooge und Langeneß bieten Unterkunfts- und Arbeitsmöglichkeiten für Gruppen und Einzelpersonen – sie haben jeweils eine Aufnahmekapazität von 20 Personen. Sie werden von Schulklassen, Jugendgruppen, Studentengruppen, Volkshochschulen und Studienseminaren (insbesondere im Rahmen der Lehrerfortbildung) besucht. Nach Angaben der Geschäftsstelle in Rendsburg gibt es kaum noch eine deutsche Universität, die nicht während eines Kurses mit einer Gruppe von Biologiestudenten die Häuser der Schutzstation auf den Halligen benutzt hat. Seit 1972 werden Zivildienstleistende auf den Schutzstationen eingesetzt – seither ist eine gewisse Kontinuität der Arbeit gewährleistet. 1974 erhielt die Schutzstation Wattenmeer vom Land Schleswig-Holstein einen Betreuungsauftrag für das Naturschutzgebiet Wattenmeer. Im Auftrag des Bundesamtes für den Zivildienst werden neuerdings vom Verein auch Einführungslehrgänge für Zivildienstleistende in Umwelt- und Naturschutz durchgeführt. Die beiden Häuser waren 1981 von April bis September voll belegt. Einzelne Gruppen reisen auch im Winter an. Die vom Verein erhobenen Tagessätze für Aufenthalte sind so berechnet, daß eine Kostendeckung knapp erreicht wird, d. h. also, die Unterkünfte sind praktisch selbsttragend (vgl. hierzu Tab. 6 im Anhang).

1976 führte der Verfasser eine ausführliche Urlauberbefragung auf Hooge durch. Die Ergebnisse enthielten auch ein Kompliment an die Schutzstation Wattenmeer, die 1976 erstaunlicherweise von 77 % aller befragten Urlauber aufgesucht worden bzw. in das Urlaubsprogramm einbezogen worden war. Die Befragung bestätigte die Aussage der Geschäftsstelle Schutzstation Wattenmeer in Rendsburg, sie sei weniger an einem „konfektionierten Urlauber", sondern vielmehr an dem naturverbundenen Gast interessiert. Nach den Gründen ihrer Urlaubswahl befragt, antworteten seinerzeit 76 % der befragten Gäste, sie hätten Ruhe, Einsamkeit und Abgeschiedenheit ohne Autoverkehr gesucht (diese Begriffe waren nicht vorgegeben!); 62 % wollten den Reiz einer einmaligen Naturlandschaft genießen bzw. diese kennenlernen. Das Klima spielte bei 56 % eine entscheidende Rolle. 27 % hoben fachliches Interesse hervor, das sie zum Besuch der Hallig bewogen hatte. Es waren vor allem die Einzelreisenden, die biologisch oder geographisch-landeskundlich orientierte Erwartungen hegten. Zusammenfassend kann man wohl sagen, daß es sich bei den befragten Hooge-Urlaubern gewiß nicht um besonders verwöhnte Menschen handelte, die in erster Linie Komfort wünschten – es waren vielmehr Gäste, die primär in irgendeiner Weise Naturerlebnisse suchten und dafür bieten das Wattenmeer und die Halligwelt ihrer Meinung nach ideale Voraussetzungen. Aufschlußreich ist auch das Freizeitverhalten der Gäste. 72 % aller befragten Urlauber machten während ihres Hallig-Aufenthaltes durchschnittlich drei bis vier größere Ausflüge zu den benachbarten Inseln bzw. Halligen, fast alle nahmen an Wattwanderungen teil. 92 % gaben an, daß eine Schlechtwetterlage sie an ihrem Urlaubsort kaum beeinträchtige.

Der mit einigen oben gebündelten Antworten wohl am treffendsten zu charakterisierende Hooge-Urlauber findet seine Entsprechung auf den übrigen Halligen, insbesondere auf den kleineren unter ihnen, auf die sich die Gäste bewußt in eine noch größere Abgeschiedenheit zurückziehen. Angesichts eines in den vergangenen Jahren noch wesentlich gestiegenen allgemeinen Umweltbewußtseins gelten diese Erkenntnisse zur Interessenlage der Urlauber heute in verstärktem Maße. Man kann wohl zusammenfassend sagen, daß die Mehrzahl aller Dauergäste auf den Halligen vom „Normaltypus" abweichende Aktiv-Urlauber sind. Dem kommt die Schutzstation Wattenmeer auf Hooge mit ihrer Arbeit in vielen Bereichen entgegen – die positiven Rückwirkungen für die Entwicklung des Fremdenverkehrs sind unverkennbar, zumal eine große Zahl Hooger Feriengäste ihre Vorliebe für die Hallig während einer Tagung bzw. einer Gruppenreise entdeckt hat. Es bleibt zu hoffen, daß die Schutzstation auf Langeneß in ihrer neuen Bleibe einen besseren Start hat (die ersten Anzeichen sprechen dafür), wobei eine vertrauensvolle Zusammenarbeit mit der Halligbevölkerung wohl die beste Voraussetzung dafür ist. Bei beiderseitigem Verständnis für die jeweiligen Interessen könnte sich die erfolgreiche Arbeit der Schutzstation Wattenmeer auf Langeneß, nicht zuletzt auch im Hinblick auf eine zukunftsträchtige touristische Entwicklung, positiv für die Hallig auswirken (vgl. hierzu Tab. 7 im Anhang).

In diesem Zusammenhang sei nochmals auf die überragende Bedeutung der Jugendlager hingewiesen, die in großer Zahl vorwiegend Gruppenreisende – und damit die Urlauber-Generation von morgen – zu Gast haben. Über die Hälfte aller Hooge-Urlauber werden in den Jugendlagern beherbergt; 1980 waren es ca. 28 000 – im Jahr 1981 entfielen auf jedes der drei Jugendlager auf Hooge im Durchschnitt die beachtliche Anzahl von fast 10 000 Übernachtungen (vgl. hierzu auch Tab. 12).

Als Gradmesser für die touristische Entwicklung auf Hooge und Langeneß lassen sich auch einige statistische Daten über die Entwicklung auf der Schlüttsiel-Fährlinie heranziehen. Sie sind zugleich ein Hinweis darauf, in welchem entscheidenden Maße diese Fährverbindung erst die Grundlage für den Halligtourismus heutiger Prägung schuf. Dabei muß hervorgehoben werden, daß nur in den Sommermonaten eine nahezu 100%ige Auslastung durch den Ausflugsverkehr zu verzeichnen ist. Jedoch wird der sehr kostenaufwendige Versorgungsverkehr nach Hooge und Langeneß ganzjährig aufrechterhalten, so daß insgesamt ein beträchtliches Defizit besteht, für das es keinerlei öffentliche Zuschüsse gibt. Tatsächlich wird der entstehende Verlust nach den Angaben der Wyker Dampfschiffahrts-Reederei (WDR) von dem übrigen Betriebsergebnis getragen.

Tab. 16: Beförderte Pkw auf der Fährlinie Schlüttsiel–Hooge und Langeneß bzw. umgekehrt

Jahr	Anzahl der Pkw
1971	811
1972	940
1973	1079
1974	1201
1975	1391
1976	1556
1977	1691
1978	1818
1979	1855
1980	2280

Auf dem Hintergrund der nicht gegebenen Kapazitätsauslastung während des größten Teils des Jahres ist die Bilanz der auf der Schlüttsiel-Linie beförderten Kraftfahrzeuge für die WDR sicherlich von einiger Bedeutung. Ihre Zahl hat sich seit 1971 nahezu verdreifacht. Die Reederei mag dies erfreuen – dem naturverbundenen Halligurlauber sind die ansteigenden Autozahlen auf den Halligen ein Dorn im Auge (dies wird durch die Urlauber-Befragung 1976 bestätigt). Vielleicht liegt hierin eine kleine Chance der Halligen Oland, Gröde und Nordstrandischmoor, die aufgrund nicht gegebener Verlademöglichkeiten „autofrei" sind und dies auch bleiben sollten.

Tab. 17: Beförderte Personen auf der Fährlinie Schlüttsiel-Hooge–Langeneß bzw. umgekehrt

Jahr	Anzahl der Personen
1971	47 869
1972	52 836
1973	55 443
1974	54 633
1975	61 548
1976	62 191
1977	63 158
1978	62 637
1979	61 408
1980	66 195

Tab. 18: Beförderte Personen auf den von der WDR betriebenen Tagesausflugs-Linien nach Langeneß und Hooge — 1971 und 1980[*]

	nach Hooge		nach Langeneß	
	1971	1980	1971	1980
von Schlüttsiel	1 500	11 000	8 000	6 000
von Amrum	2 000	5 600	1 000	1 200
von Wyk	17 000	22 500	1 800	5 600
von Hörnum	10 000	16 800	—	—

[*] von Husum aus wurden 1980 auf beide Halligen zusammen 1750 Personen befördert.

Auch in den beiden vorangegangenen Zusammenstellungen spiegelt sich die Entwicklung des Halligtourismus am Beispiel der Schlüttsiel-Linie sowie an den ebenfalls von der WDR betriebenen Schiffsverbindungen von Sylt, Föhr und Amrum zu den Halligen wider. Sie vermitteln nicht nur ein Bild über den Anstieg des Hallig-Fremdenverkehrs im letzten Jahrzehnt, sondern insbesondere über das rapide Anwachsen des Tagesausflugsverkehrs in diesem Zeitraum. Nach Schätzungen der betreffenden Gemeinden betrug die Gesamtzahl der Tagestouristen 1980 auf Hooge insgesamt ca. 80 000, auf Langeneß waren es ca. 19 000 Tagesgäste; für 1981 können die gleichen Werte

Die einzigen wirtschaftlich greifbaren Vorteile des Tagesausflugsverkehrs bestehen für Gröde in den Einnahmen des Kioskes

angenommen werden. Angesichts dieser Steigerungsrate, die der Ausflugstourismus erreicht hat, ist es nicht verwunderlich, daß sich ein Drittel aller 1976 auf Hooge befragten Urlauber durch die Tagesausflügler stark gestört fühlen, zumal durch deren Ansturm auf die wenigen Gaststätten Preise sowie Qualität ,,verdorben'' würden. Andererseits ist unbestitten, daß viele der auf Hooge fast ausschließlich von der Gastronomie lebenden Halligbewohner den größten Teil ihrer Einnahmen durch die Tagesgäste beziehen und nur auf diese Weise ihre ganzjährige Existenzsicherung möglich ist. Dies betrifft teilweise auch Betreiber von Halligfahrten zu Wasser und zu Land, Fahrradverleih und Kioske sowie die Besitzer von Hallig-Museen. Außerdem darf nicht übersehen werden, daß der Ausflugsverkehr zu den Halligen eine Reihe von wertvollen Arbeitsplätzen auf den Schiffahrtslinien zur Folge hat, aus denen immerhin einige wenige Halligfamilien ihren Lebensunterhalt verdienen.

Dennoch bleibt es für die Halligen — insbesondere jedoch für die kleineren unter ihnen — problematisch, wenn sie in der Hauptsaison von ,,Ausflügler-Schwärmen'' überzogen werden, die die Halligen sowie ihre Bewohner neugierig als museale Relikte betrachten. Jedoch lassen die unterschiedlichen Perspektiven und Interessenlagen modellhaft deutlich werden, daß angesichts der schwierigen wirtschaftlichen Situation auf den Halligen Kompromißbereitschaft aller Seiten nowendig ist — es sei denn, man erwartet vom Staat noch weitgehendere Subventionen zur Erhaltung einer wirtschaftlich intakten Halligwelt. Indes ist es an der Zeit, hinsichtlich der Tagestouristen-Massen ernsthaft nach den Grenzen der Belastbarkeit zu fragen!

Bekanntermaßen ist es äußerst schwierig, die wirtschaftliche Bedeutung des Fremdenverkehrs für eine Gemeinde zahlenmäßig zu belegen, und dies gilt insbesondere für das Fremdenverkehrsgewerbe auf den Halligen, das ja vorwiegend im Nebenerwerb betrieben wird. Zuverlässigster Gradmesser für die Fremdenverkehrsintensität ist wohl die oben dargestellte Bettenzahl sowie die durchschittliche Belegdauer. Die räumliche und zahlenmäßige Verteilung der Betten geht aus Abbildung 31 hervor. Die wirtschaftliche Bedeutung dieser Darstellung wird durch Tabelle 19 erhärtet, aus der die breite Beteiligung der Halligbevölkerung am Fremdenverkehrsgewerbe auch abzulesen ist.

Tab. 19: Beteiligung der Hallig-Haushalte am Fremdenverkehr – Stand 1981

	Gesamtzahl der Haushalte	...davon betreiben das Fremdenverkehrsgewerbe im:		
		Haupterwerb	1. Nebenerwerb	2. Nebenerwerb
Hooge	51	9	26	1
Langeneß	57	1	15	7
Oland	15	1	5	4
Gröde	5	–	2	2
Nordstrandischmoor	7	–	3	2
Süderoog	1	–	–	1

Auf Hooge haben 70 % aller Haushalte durch Zimmervermietung, durch einen gastronomischen Betrieb oder durch sonstige Aktivitäten direkten Anteil am Fremdenverkehrsgewerbe, davon leben neun Familien vorwiegend von den Einnahmen aus dem Fremdenverkehr. Auf Langeneß gibt es nur einen Haupterwerbsbetrieb auf dem Fremdenverkehrssektor. Insgesamt beteiligen sich 40 % aller Familien an der Zimmervermietung. Nimmt man die noch höhere prozentuale Beteiligung am Fremdenverkehrsgewerbe auf den kleineren Halligen hinzu, so kann man abschließend die Feststellung treffen, daß es – mit Ausnahme der älteren Generation, die häufig in nicht sanierten Häusern lebt und damit kaum die wichtigsten Voraussetzungen für die Zimmervermietung erfüllen kann – für fast alle Halligfamilien eine Selbstverständlichkeit ist, Fremdenverkehr im Haupt- bzw. in den meisten Fällen im Nebenerwerb zu betreiben.

Im vorangegangenen Abschnitt ist der Versuch einer differenzierten Analyse der Fremdenverkehrsentwicklung auf den Halligen unternommen worden. Dabei konnte es nicht die Absicht des Verfassers sein, eine lückenlose Bestandsaufnahme durchzuführen, vielmehr kam es ihm darauf an, einige Tendenzen aufzuzeigen sowie die beträchtliche wirtschaftliche Bedeutung des Fremdenverkehrs für die Halligfamilien sichtbar zu machen.
Ohne den Fremdenverkehr gäbe es für die meisten der 136 Hallighaushalte, die zu mindestens 60 % mehr oder weniger intensiv am Fremdenverkehr be-

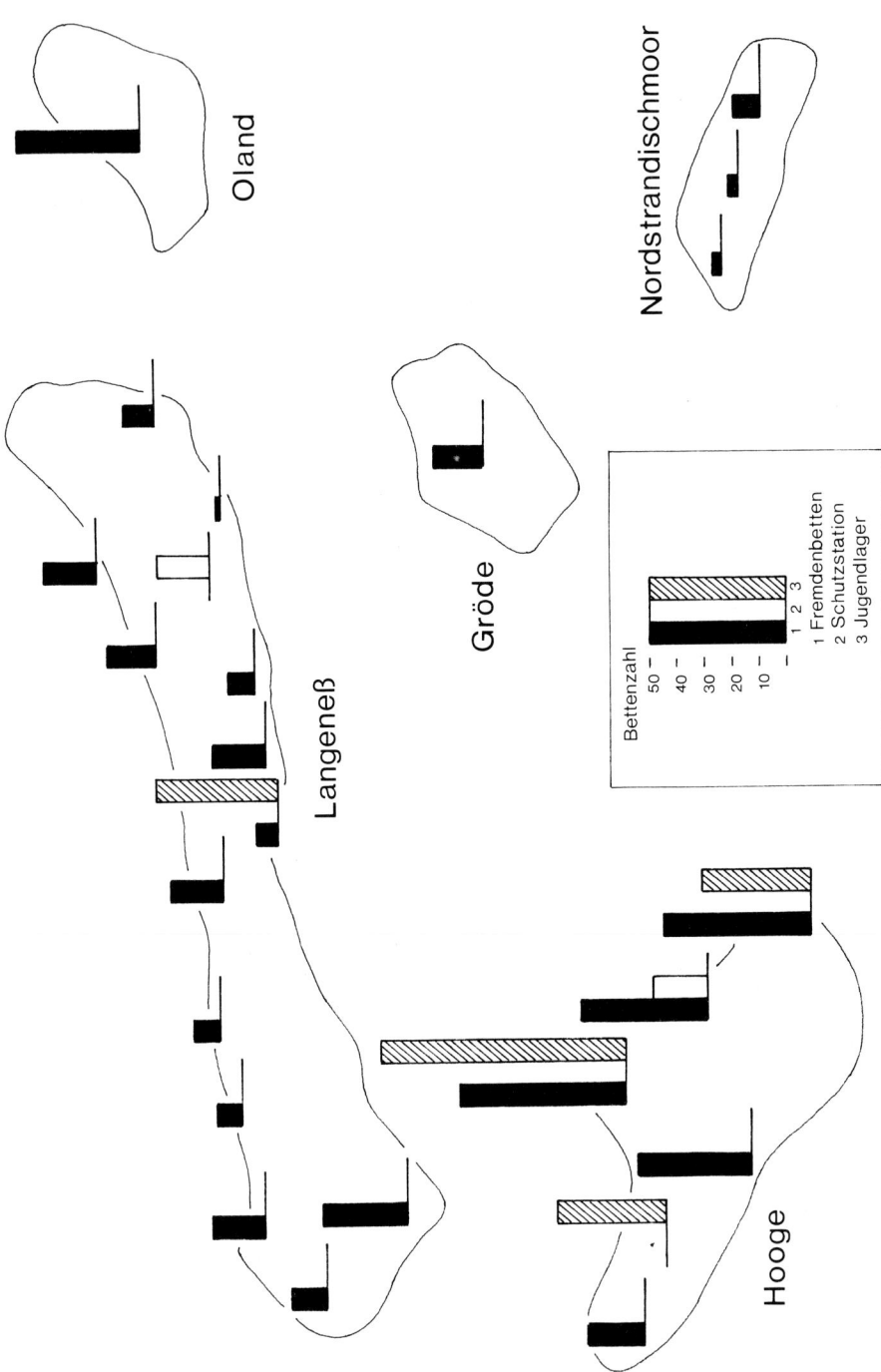

Abb. 31: Bettenangebot auf den Halligen 1981

teilgt sind, keine ausreichende Existenzgrundlage mehr auf den Halligen – dies gilt in besonderem Maße für Hooge, das 1981 nur noch sechs Landwirte zählt. Das in vieler Hinsicht bevorzugte Hooge hat nicht zuletzt auch aufgrund eines weitschauenden Konzepts einen Weg gefunden, der auch künftig touristischen Erfolg verspricht: Verlängerung der Hauptsaison durch Werbung für fachlich orientierte Gruppenreisen und Tagungen, wobei Kurz- und Zweiturlauber eine wichtige Zielgruppe darstellen; die infrastrukturellen Voraussetzungen sind weitgehend geschaffen.

Wenn Langeneß auch noch vorwiegend landwirtschaftlich geprägt sein mag, so wird die Landwirtschaft mittelfristig wahrscheinlich eine ähnliche Entwicklung wie auf Hooge durchmachen. Auch hier wird die weitere Existenzsicherung vor allem im Fremdenverkehrsgewerbe liegen – doch fehlen dafür noch viele wichtige Voraussetzungen, die die Gemeinde aus eigener Kraft nur schwerlich wird bewerkstelligen können. Nach dem faktischen Ende der Landwirtschaft auf Oland und Gröde stellt sich auch für diese beiden kleineren Halligen die Frage nach einer verstärkten Fremdenverkehrsnutzung. Augenblicklich partizipieren sie – wie Nordstrandischmoor – nebenerwerblich am Fremdenverkehrssektor. Solange die Zimmervermietung vorwiegend von den relativ zahlreichen Rentnern betrieben wird, mag kein Grund zur Sorge bestehen. Aber was geschieht, wenn sie dazu nicht mehr in der Lage sind und die Zimmervermietung den jüngeren Leuten keine ausreichende Lebensgrundlage mehr bietet? Wie an anderer Stelle bereits angeführt, wird das Fremdenverkehrsgewerbe auf Nordstrandischmoor sowohl durch eine Beschäftigung beim Amt für Land- und Wasserwirtschaft als auch durch die nebenerwerblich betriebene Landwirtschaft abgesichert.

4. Flächennutzungskonflikte

Die Halligen liegen im Bereich des nordfriesischen Wattenmeeres, des größten zusammenhängenden Naturschutzgebietes Europas. Schon früh wurde der einmalige ökologische Wert dieser amphibischen Landschaft erkannt und seit der Unterschutzstellung des Gebietes der Hamburger Hallig im Jahre 1930 durch die Preußische Regierung in Schleswig folgten in fast regelmäßigen Abständen Teilgebiete des Wattenmeeres, die unter Naturschutz gestellt wurden. Vollendet wurde diese Entwicklung im Jahr 1974 durch den Erlaß der Naturschutzordnung „Nordfriesisches Wattenmeer", seitdem stehen die nordfriesischen Watten zwischen der deutsch-dänischen Grenze und der Nordseeküste der Halbinsel Eiderstedt in einer Größe von über 160 000 ha unter Naturschutz. Auch der breiten Öffentlichkeit ist die Schutzwürdigkeit der Watten in gestiegenem Maße bewußt geworden – deutlich zeigen dies auch die entschiedenen Proteste vieler Bürger gegen die geplanten Eindeichungsnahmen in der Nordstrander Bucht.

Die Halligen selbst liegen zwar inmitten des Naturschutzgebietes, stehen aber – mit Ausnahme der kleineren Halligen Südfall, Süderoog, Norderoog und der Hamburger Hallig – nicht unter Naturschutz. Daß sie bewohnt sein müssen, um ihre Aufgabe im Küstenschutzsystem an der schleswigschen

Westküste erfüllen zu können, ist wohl übereinstimmende Meinung aller Fachleute. Somit sind die Halligen hochgradig durch menschlichen Einfluß geprägte Kulturlandschaften, in denen der Halligbevölkerung die Erfüllung ihrer Grunddaseinsbedürfnisse (darunter versteht die Sozialgeographie u. a. Wohnen, Arbeiten, Versorgung und Bildung) zu gewährleisten ist.

An dieser Stelle setzt der Konflikt an, der sich zwischen den verschiedenen Nutzungsansprüchen ergibt:

– Die noch verbliebenen Halliglandwirte möchten diesen Beruf weiterhin ausüben und sind – ohnehin schon benachteiligt gegenüber Festlandslandwirten – auf die Erhaltung der gegenwärtigen landwirtschaftlichen Nutzfläche und deren Qualität angewiesen.

– Der Fremdenverkehr ist heute wesentlicher Erwerbszweig auf den Halligen. Gerade unter dem Konkurrenzdruck anderer Ferienorte an der Küste muß auf den Halligen eine touristische Infrastruktur bereitgestellt werden, die sich nicht mehr oder nur schwer mit überkommenen Bau- und Lebensgewohnheiten in Einklang bringen läßt.

– Die Einmaligkeit des halligtypischen Kultur-, aber auch Naturlandschaftsbildes (nicht zuletzt auch selbst ,,Fremdenverkehrsattraktion'') verlangt eine Beschränkung auf Bau- und Entwicklungsmaßnahmen, die sich mit dem gewohnten Erscheinungsbild der Halligen vereinbaren lassen. Weiterhin ist die begrenzte Aufnahmekapazität von Touristen besonders auf den kleineren Halligen zu beachten.

– Die Lage der Halligen sowie der Verlust von geeigneten Flächen an anderen Stellen der Küste legt nahe, daß die Halligen als Rastplatz für gefährdete Vogelarten erhalten bleiben. Weiterhin ist das Vorkommen einer größeren Anzahl seltener Tier- und Pflanzenarten auch auf den Halligen – nicht nur im Watt – zu schützen.

Ein spezieller Konflikt hat sich in den letzten Jahren um die Ringelgänse entzündet. Diese rasten zweimal im Jahr – im Herbst und im Frühling – auf ihren Flügen zwischen Winterquartier (Holland, Belgien, England) und arktischem Brutrevier auf den Halligen. Nachdem es in den 30er Jahren einen Rückgang des Gesamtbestandes der Ringelgänse (bedingt durch Nahrungsmangel) auf ca. 20 000 Gänse gegeben hatte, war er bis Ende der 60er Jahre wieder auf 50 bis 60 000 Tiere angewachsen. Infolge besonderer Schutzmaßnahmen wuchs der Bestand bis zum Jahr 1979 auf ca. 130 000 Tiere an und erreichte 1981 die Zahl von ca. 200 000 – eine Größenordnung, die zur Erhaltung der Art von maßgeblichen Fachgremien als notwendig erachtet wird.

Die Zunahme der Gänsezahlen hat zu einem erheblichen Druck auf die nordfriesischen Rastplätze geführt. Durch den Kahlfraß und die teilweise flächendeckende Verkotung auf großen Teilen der Hallig-Ländereien wird dem Vieh die wertvolle Futtergrundlage entzogen und die Landwirte haben große Verluste zu verbuchen. Die infolge dieser Schäden verursachten Aufwendungen werden vom Kieler Landwirtschaftsministerium allein im Jahre 1981 auf rund 370 000,– DM beziffert. Besonders auf der kleinen Hallig Gröde liegt der Schaden sehr hoch (vgl. hierzu Abb. 32). Ausgleichszahlungen des Krei-

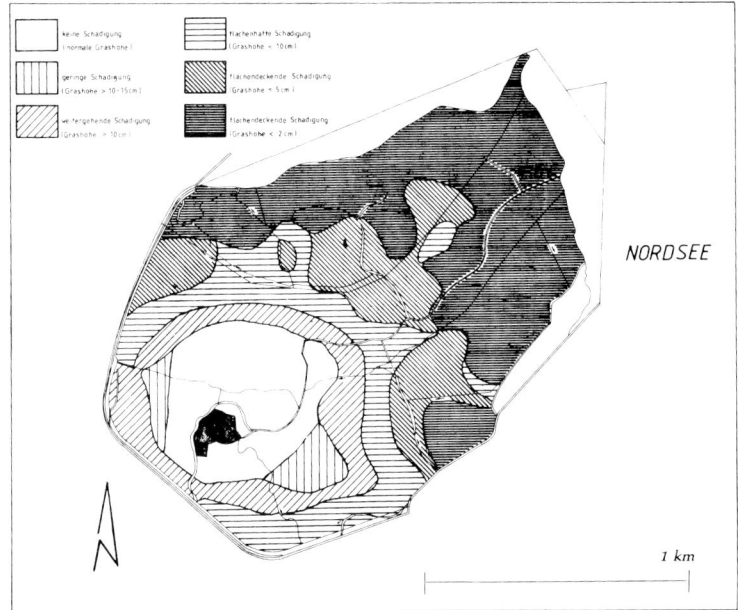

Abb. 32: Schädigung durch Ringelgänse auf Hallig Gröde – Zustand Mai/Juni 1979

ses und des Landes für die Schäden sind nach Ansicht der Halligbauern, die verständlicherweise die schärfsten Kritiker des Scheuchverbots sind, zu niedrig und werden nur mit Verzögerung ausgezahlt; außerdem dürften sie in den Augen vor allem jüngerer Landwirte kaum eine zukunftsträchtige Lösung darstellen.

Die Landwirtschaftskammer Schleswig-Holstein beobachtet die Schäden, die durch Gänsefraß auf den Halligen und im Küstenbereich entstehen, seit einigen Jahren genau.

Zur weiteren Beurteilung des hier anstehenden Problems sei darauf hingewiesen, daß es u. a. im Halligbereich insbesondere entlang von Dämmen und Lahnungen größere aufgelandete Flächen gibt, die gar nicht oder nur in äußerst extensiver Form beweidet werden. Interessanterweise meiden die Ringelgänse diese Vorländereien – statt dessen bevorzugen sie eindeutig bewirtschaftete Salzwiesen.

Von Seiten der Halligbauern, der Vertreter des Naturschutzes und der betroffenen Behörden sind verschiedene Vorschläge zur Bewältigung des Problems unterbreitet worden; eine Lösung bzw. Beilegung des Konflikts ist jedoch nicht erfolgt. Es ist zu hoffen, daß eine ,,große Lösung" erreicht wird, die sowohl den Artenbestand der Ringelgänse sicherstellt, andererseits aber auch den wenigen übriggebliebenen Halliglandwirten eine befriedigende Bewirtschaftungsgrundlage ermöglicht. Dies ist letztlich wohl nur dadurch zu erreichen, daß man einerseits für die Ringelgänse Reservate schafft, im übrigen aber den Landwirten außerhalb dieser Grenzen das erlaubt, was sie seit Jahrhunderten getan haben – nämlich sich gegen den übermäßigen Einfall der Gänse zur Wehr zu setzen.

131

VII. Zusammenfassende Übersicht über die Bevölkerungs- und Erwerbsstruktur auf den Halligen

In diesem Abschnitt soll ein Überblick gegeben werden über die Bevölkerungsentwicklung und -struktur sowie über die Erwerbssituation auf den Halligen; der Zielsetzung der vorliegenden Schrift entsprechend liegt der Schwerpunkt der Darstellung auf der Entwicklung seit Mitte der 60er Jahre bis hin zur Gegenwart.

1. Einwohnerzahlen*

Während im Jahr 1835 für die Halligen noch eine Einwohnerzahl von 694 Personen festgehalten wurde, sank diese Zahl entsprechend den zunehmend ungünstigen Lebensbedingungen bis 1885 auf einen Stand von 454 Einwohnern. In den darauffolgenden Jahrzehnten blieb die Einwohnerzahl – trotz der weiterhin zunehmenden Landverluste – weitgehend konstant. Einmal abgesehen von einem vorübergehenden Höchststand in der Zeit des Flüchtlingszustromes nach dem Zweiten Weltkrieg gilt diese Aussage bis Ende der 50er Jahre: 1911 lebten auf den Halligen 466 Menschen, 1933 waren es 467, im Nachkriegsjahr 1948 wurden 623 Menschen gezählt und 1957 waren es wieder 433 Einwohner.

War das Leben auf den Halligen schon immer mit größeren Unannehmlichkeiten als auf dem Festland verbunden und eilte die technische und wirtschaftliche Entwicklung auf dem Festland den Verhältnissen auf den Halligen schon seit langem voraus, so wurde die Diskrepanz in den 50er und 60er Jahren dieses Jahrhunderts besonders deutlich: Während in der übrigen Bundesrepublik ein Wohlstandsboom ohnegleichen zu verzeichnen war, herrschten auf den Halligen noch im wesentlichen die gleichen Verhältnisse wie in den Jahrzehnten zuvor – im Kapitel IV wurde über die mangelhaften sanitären, baulichen und infrastrukturellen Gegebenheiten berichtet.

Mithin verwundert kaum, daß seit den 50er Jahren ein langsamer, aber stetiger Rückgang der Einwohnerzahlen stattfindet. Abbildung 33 zeigt in graphischer Darstellung diesen Trend für die Gemeinden Langeneß** und Hooge anschaulich auf. Im Vergleich der beiden Gemeinden fällt jedoch auf, daß die Verhältnisse auf Hooge sich erwartungsgemäß wesentlich stabiler darstellen.

---

* Einwohnerzahlen 1835–1957 entnommen dem Gutachten des Ministeriums für Ernährung, Landwirtschaft und Forsten (1959). Sofern nicht als „eigene Erhebungen" gekennzeichnet, basieren die übrigen Angaben auf Unterlagen des Statistischen Landesamtes Schleswig-Holstein.

** Die amtliche Statistik stellt Daten für die administrativen Einheiten, d. h. Gemeinden, Kreise etc. bereit. Langeneß und Oland bilden seit 1941 die Gemeinde Langeneß, weswegen keine getrennten Daten vorliegen. Die Hallig Nordstrandischmoor gehört zur Gemeinde Nordstrand, Gröde ist selbständig und zugleich die kleinste Gemeinde der Bundesrepublik Deutschland.

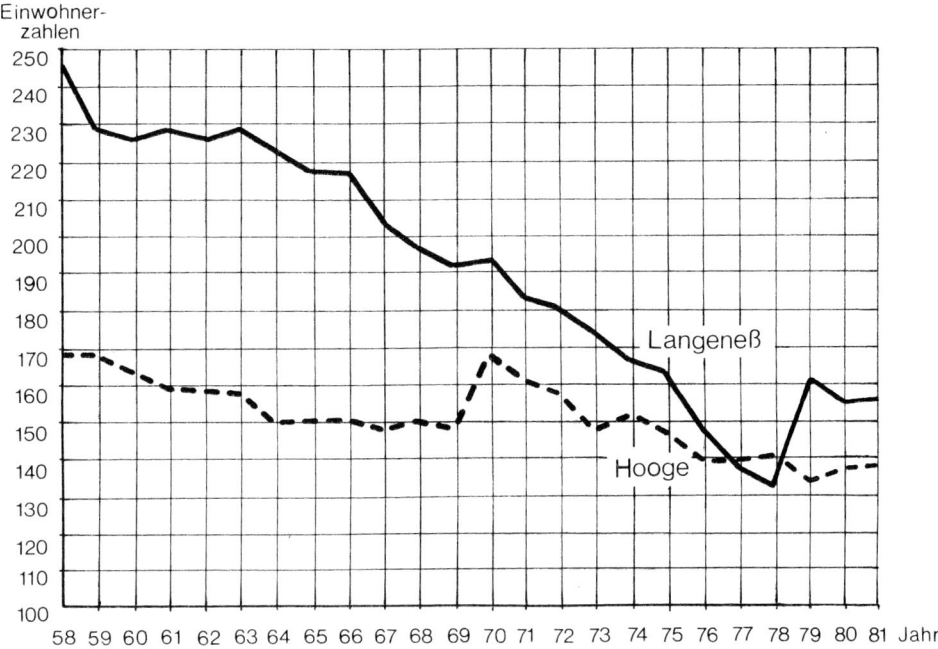

Abb. 33: Einwohnerentwicklung in den Gemeinden Hooge und Langeneß 1958–81

Nach eigenen Erhebungen kann man die Einwohnerzahlen auf den ganzjährig bewohnten Halligen (außer der „landfesten" Hamburger Hallig) Anfang 1981 folgendermaßen beziffern:

Hooge	– 140 Einwohner
Langeneß	– 140 Einwohner
Oland	– 36 Einwohner
Nordstrandischmoor	– 27 Einwohner
Gröde	– 12 Einwohner
Süderoog	– 3 Einwohner

Allerdings sind auch diese Zahlen, genau wie diejenigen der amtlichen Statistik, nicht unproblematisch in der Aussage: Es wurde zwar versucht, die in der amtlichen Statistik zwangsläufig enthaltenen „Karteileichen", d. h. doppelt bzw. nur noch „offiziell" auf den Halligen Gemeldete, bei der eigenen Erfassung auszuschließen – vor methodische Probleme stellten den Verfasser aber die Zuordnung vieler jüngerer Halligbewohner.

Einerseits *muß* jeder, der eine weiterführende Schule besuchen oder eine Berufsausbildung erhalten will, zumindest für einige Jahre auf dem Festland leben – und trotzdem sind diese jungen Leute (die an den Wochenenden meist auch nach Hause auf die Hallig kommen) als „Halligbewohner" zu be-

Fortzug von Nordstrandischmoor – unter großer Anteilnahme der Bevölkerung sie-
delt die Familie von der kleinen Hallig aufs Festland um

zeichnen – . Andererseits zeigt die Erfahrung, daß ein beachtlicher Teil dieser
jungen Leute gar nicht auf die Hallig zurückkehren *kann*, weil die Erwerbsmöglichkeiten, erst recht für Höherqualifizierte, auf den Halligen denkbar
schlecht sind. Eine diesbezügliche Prognose für jeden Einzelfall ist aber
schwierig, weswegen die noch in der Ausbildung befindlichen jungen Leute in
den Einwohnerzahlen *enthalten* sind. Realistischerweise ist jedoch bei der
Frage nach der Zahl der tatsächlich *ständig* auf den Hallig anwesenden Personen an den o. a. Zahlen, zumindest bei den größeren Halligen, ein Abzug von
ca. 5 % vorzunehmen. Dieser Tatbestand ist auch zu berücksichtigen bei der
unter 3. folgendenden Darstellung der Bevölkerungsstruktur.

2. *Wanderungsbilanz*
Schon bei der rückläufigen Einwohnerentwicklung war zu vermuten, daß diese in erster Linie nicht durch natürliche Abgänge, sondern durch eine relativ
hohe Anzahl von Fortzügen, d. h. Abwanderungen, von den Halligen bewirkt wird.
  Bei der Heranziehung der Wanderungssalden für die Jahre 1958 bis 1978
(vgl. hierzu Abb. 34) wird dies bestätigt: In der Regel war die Summe von Zu-
und Fortzügen, also der Wanderungssaldo, negativ – nur in den Jahren 1962,
1970 und 1978 stand den Fortzügen eine höhere Zahl von Zuzügen auf die
Halligen gegenüber. Dabei schlägt für den positiven Wanderungssaldo im

Jahr 1962 besonders die Zuwanderung nach Hooge positiv zu Buche, während das Ergebnis des Jahres 1970 duch Zuzüge in die Gemeinde Langeneß bedingt ist. Zu erwähnen ist auch noch der positive Wanderungssaldo der Hallig Hooge im Jahr 1968 (+ 5 Einwohner), der bei der summarischen Darstellung der Abbildung 34 nicht in Erscheinung tritt.

Es ist zu vermuten, daß zumindest die beiden letztgenannten Werte Erfolge des „Ersten Halligsanierungsprogramms" sind. Die Interpretation der hohen Abwanderungszahlen bzw. der überwiegend negativen Wanderungssalden ist recht zweifelsfrei möglich: Konnte zwar der Lebensstandard durch die Bau- und Infrastrukturmaßnahmen des „Ersten Halligsanierungsprogramms" und seiner Folgemaßnahmen gehoben und den Festlandverhältnissen weitgehend angeglichen werden, so konnte das zweite „Grund-Übel" auf den Halligen, nämlich die schlechte Ausbildungs- und Erwerbssituation, im wesentlichen nicht beseitigt werden. Noch immer sind ja insbesondere die jüngeren Halligbewohner zur Abwanderung gezwungen, was sich in einer ungünstigen Bevölkerungsstruktur ausdrückt. Ein Sonderfall dürfte trotzdem der auffällige negative Wanderungssaldo des Jahres 1963 darstellen − hier sind vermutlich die Folgen der verheerenden Februarsturmflut des Jahres 1962 Ursache der Abwanderung.

3. Bevölkerungsstruktur
Die Betrachtung der absoluten Einwohnerzahlen ist zwar − wie unter 1. erfolgt − in der Zusammenschau über mehrere Jahre hinweg von Interesse, um Trends zu erkennen − über die Struktur der Bevölkerung wird damit aber nichts gesagt.

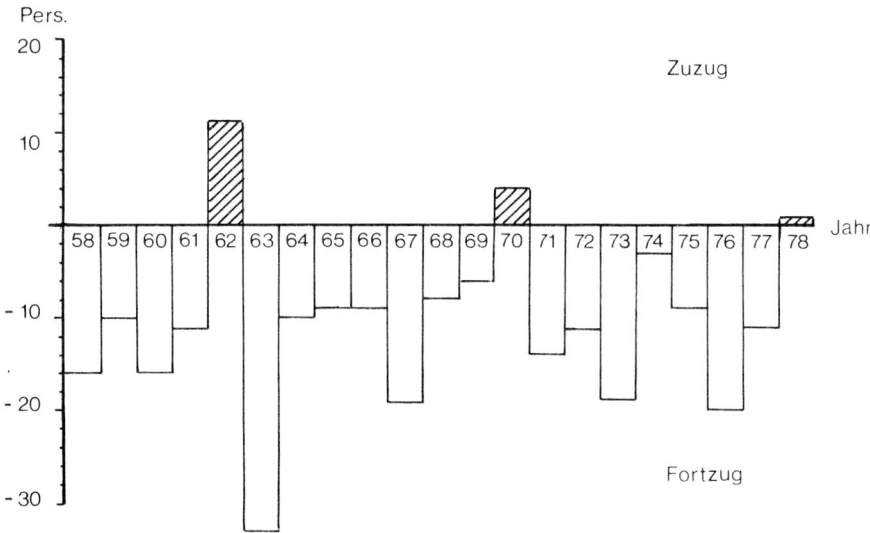

Abb. 34: Bilanz der Zu- und Fortzüge auf den Halligen 1958−78

135

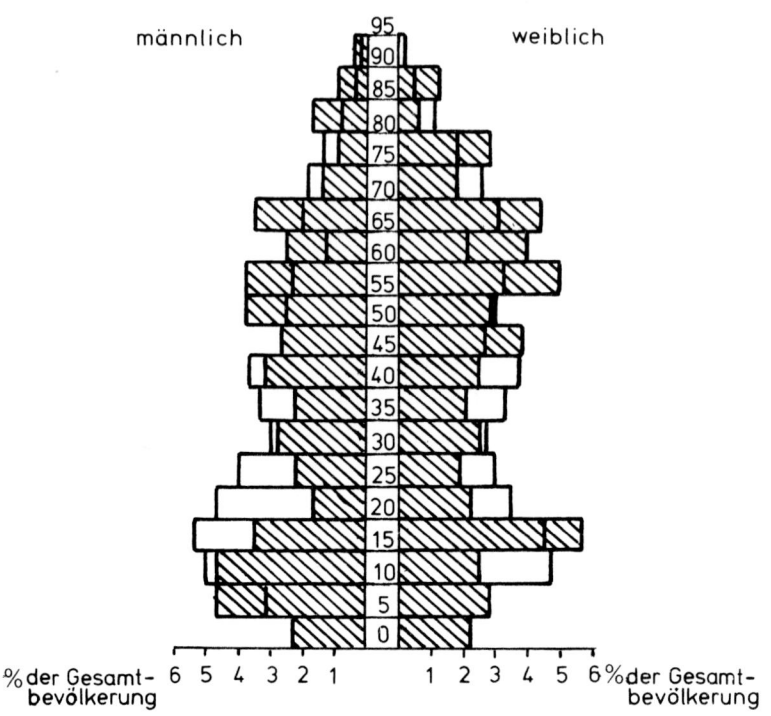

männlich   weiblich

% der Gesamt-   6 5 4 3 2 1   1 2 3 4 5 6 % der Gesamtbevölkerung   bevölkerung

Abb. 35: Der Altersaufbau der Bevölkerung auf den Halligen Gröde, Hooge, Lange-neß, Oland und Nordstrandischmoor – Stand 1981

     Aufschlußreich ist eine Gliederung der Bevölkerungszahlen (Stand Früh-jahr 1981) nach Geschlecht und Altersklassen. Die übliche Darstellungsform dafür ist die „Bevölkerungspyramide"*, anhand derer sich einiges Wesentli-che über die Einwohnerstruktur der Halligen ablesen läßt. Die Bevölkerungs-pyramide in Abbildung 35, die summarisch die Halligen Gröde, Hooge, Langeneß, Nordstrandischmoor und Oland darstellt, wird ergänzt durch eine „Vergleichspyramide" für den gesamten Kreis Nordfriesland.
In der Gegenüberstellung beider in Abbildung 35 enthaltenen Graphiken werden folgende halligtypischen Bevölkerungsstrukturmerkmale deutlich:
– Die Bevölkerung auf den Halligen ist überaltert. Während im Kreis Nord-friesland 34,9 % aller Einwohner älter als 45 Jahre sind, trifft dies auf den Halligen immerhin für 46,7 % aller Einwohner zu!
– Auf den Halligen fehlen in erster Linie Menschen, die zwischen 20 und 44 Jahre alt sind: Im gesamten Kreis Nordfriesland hat diese Altersgruppe

* Die typische Pyramidenform (breite Basis, schmales Oberteil) ist heute in den Industrienatio-nen nicht mehr anzutreffen, in erster Linie begründet durch die gestiegenen Lebenserwartun-gen und die gesunkenen Geburtenraten.

136

einen Anteil von 34,9 % – auf den Halligen hingegen nur von 23,6 % an der Gesamtbevölkerung!

- Interessanterweise ist die „Zukunft" der Halligen – zumindest „statistisch" – gesichert. Der Anteil der Kinder und Jugendlichen entspricht mit 20,5 % auf den Halligen in etwa dem (sogar etwas niedrigeren) Wert von 20,1 % für den Kreis Nordfriesland.
- Die Verteilung der Bevölkerung auf die Geschlechter ist auf den Halligen und im gesamten Kreisgebiet ungefähr gleich. Es besteht ein leichter Frauenüberschuß von ca. 1 %, der vor allem durch die Verteilung bei den älteren Jahrgängen bedingt ist. Auf den Halligen liegt der Frauenüberschuß bei den älteren Jahrgängen noch etwas höher als im Kreis Nordfriesland.

Es ist wichtig, in diesem Zusammenhang noch einmal auf die oben schon angeführte Einschränkung hinsichtlich der 15- bis 24jährigen hinzuweisen: Bei Abzug der nach den bisherigen Erfahrungen und angesichts der Ausbildungs- und Arbeitsplatzsituation auf den Halligen wohl als „verloren" zu rechnenden jüngeren „Noch-Halligbewohner" würde die ungünstige Altersbilanz der Halligen weiter verstärkt.

4. Schülerzahlen

Schon bei der Behandlung der Bevölkerungsstruktur wurde auf die „gesunde" Struktur der Bevölkerungspyramide in den jüngeren Jahrgängen hingewiesen – zumindest weichen die Anteile der drei jüngsten Altersgruppen nicht negativ von den Werten des gesamten Kreises Nordfriesland ab.

Schule auf Langeneß – der Neubau erfolgte im Rahmen des „Ersten Halligsanierungsprogramms"

Entsprechend ist der Rückgang der Schülerzahlen zwar deutlich, zumindest in den letzten zehn Jahren jedoch nicht sehr gravierend gewesen. Besonders negativ ist die diesbezügliche Entwicklung lediglich auf den Halligen Hooge und Gröde, während sie auf Langeneß und Nordstrandischmoor nicht beunruhigend ist.

Bis Herbst 1980 bestanden fünf Halligschulen; zuletzt wurde jedoch in der Gröder Schule nur noch eine einzige Schülerin unterrichtet. Die Gröder Lehrerin übernahm die freiwerdende Stelle auf Langeneß – und die einzige Gröder Schülerin absolvierte ihr letztes Schuljahr auf Langeneß. Allerdings betont das Schulamt des Kreises Nordfriesland, daß die Schule auf Gröde bei Bedarf jederzeit wieder geöffnet werden könne.

Im Frühjahr 1981 werden in den vier bestehenden Schulen auf Hooge, Langeneß, Nordstrandischmoor und Oland insgesamt 52 Schüler unterrichtet. Die Schulgebäude auf Hooge und Langeneß wurden während des „Ersten Halligsanierungsprogamms" neu gebaut; der Schulneubau auf Nordstrandischmoor folgte im Jahr 1970. Auf Nordstrandischmoor und Oland unterrichten je ein Lehrer; auf Hooge sind ein Lehrer und eine Lehrerin tätig, und in der Schule auf Langeneß unterrichtet neben der ehemaligen Gröder Lehrerin auch die Frau des Pastors. Die nachfolgende Tabelle gibt einen Überblick über die Entwicklung der Schülerzahlen seit 1968.

Tab. 20: Entwicklung der Schülerzahlen auf den Halligen

Schule	1968	1970	1972	1974	1976	1978	1980[1]
Gröde	2	4	5	4	3	3	1[2]
Hooge	32	37	31	32	29	24	19
Langeneß							
– Kirchwarft	10	22	22	19	20	17	20
– Nordmarsch	8	–	–	–	–	–	–
Nordstrandischmoor	7	6	5	4	3	4	7
Oland	7	9	11	11	5	7	5
Gesamt	66	78	74	70	60	55	52

[1] Stichtag: jeweils Mitte September
[2] Am Stichtag für das Jahr 1980, dem 15. 9., bestand die Gröder Schule noch (siehe Text!)

5. Erwerbsstruktur

Wiederholt wurde in den vorangegangenen Darstellungen auf die erwerbsstrukturellen Schwächen auf den Halligen sowie auf deren Folgen hingewiesen. Dabei wurden besonders die zurückgegangene Bedeutung der Landwirtschaft und das Aufblühen des Erwerbszweiges „Fremdenverkehr" hervorgehoben. Hier soll nun in einer Übersicht eine Beantwortung der Frage versucht werden, welchen Stellenwert die Erwerbszweige heute auf den Halligen haben. Allerdings muß eingeschränkt werden, daß es dem Verfasser weder über offizielle Statistiken noch über seine eigenen Erhebungen möglich war, absolute Zahlen über den Gesamtumfang der Einkommen der privaten Haushalte auf den Halligen zu bekommen. Die Begründung liefert – neben der verstärkten Zurückhaltung, die Betroffene bei Fragen zum Einkommensbereich nicht nur auf den Halligen zeigen – bereits die Erwerbsstruktur selbst: Auch und gerade heute sind die Halligbewohner auf eine Reihe schwer quantifizierbarer Teilzeit- und Nebenbeschäftigungen angewiesen*, die neben den (oft nur mit Mühe als solche zu identifizierenden) „Hauptbeschäftigungen" erst das Haushaltseinkommen ausmachen. Weiterhin muß bedacht werden, daß die Haushaltsgrößen variieren und bei mehreren Verdienern nicht immer der jeweilige Einzelbetrag zum Gesamteinkommen des Haushaltes exakt einzuschätzen ist (vgl. hierzu Abb. 36).

Tab. 21: Erwerbsstruktur der Halligbevölkerung – Stand 1980 (Haupt- und Nebenerwerbsquellen[1])

Erwerbsquellen[2]	Haupterwerb	1. Nebenerwerb	2. Nebenerwerb
ALW[3]	35	–	–
Rente	53	2	–
Landwirtschaft	19	11	1
Fremdenverkehr	11	51	17
V+P[4]	–	34	14
Sonstige	21	5	5

[1] Angegeben ist jeweils die Anzahl der Haushalte
[2] Erläuterungen im Text
[3] Amt für Land- und Wasserwirtschaft, Husum
[4] Landverpachtung bzw. Pensionsviehhaltung

Trotz der oben angeführten Vorbehalte wurde in Tabelle 21 und in Tabelle 7 im Anhang eine Aufstellung angelegt, die die Erwerbsquellen der 136 Haushalte auf den sechs bewohnten Halligen für das Jahr 1980 erkennen läßt. Als „Haupterwerb" gilt dabei diejenige Erwerbsquelle des jeweiligen Haushaltes, die relativ den größten Teil zum Gesamteinkommen beiträgt – wobei diese zwar in der Regel, aber nicht immer mindestens die Hälfte des Gesamteinkommens bewirken muß. Als Gliederung der Erwerbsquellen bot sich an:
– *Landwirtschaft:*
  Kriterium ist hierbei wie in den vorangegangenen Betrachtungen, daß eigenes Vieh gehalten wird („echte Landwirte").
– *Fremdenverkehr:*
  Neben den Einnahmen aus Zimmervermietungen bzw. dem Beherbergungsgewerbe zählen hierzu auch solche, die sich aus Gastwirtschaften sowie aus der Ausflugsschiffahrt ergeben.

---

* In den Tabellen sind zwei Nebenerwerbsquellen aufgeführt – einzelne Haushalte haben drei oder vier Einnahmequellen, die aber hier vernachlässigt werden können.

– *Amt für Land- und Wasserwirtschaft (ALW):*
Saisonale oder ganzjährige Beschäftigung (frühere Behördenbezeichnung: Marschenbauamt).
– *Rente:*
Einkünfte aus Renten, Pensionen, Hinterbliebenenversorgung etc.
– *Verpachtung von Land und Pensionsviehhaltung (V+P):*
Dies kann nicht unter „Landwirtschaft" subsumiert werden, weil dies eine verbreitete Nebenerwerbsquelle in Haushalten ist, die ansonsten keinerlei „bäuerliche" Struktur mehr aufweisen. Zudem sind für die Haltung von Pensionsvieh keine wesentlichen Kenntnisse oder gar Investitionen notwendig. Schließlich handelt es sich – wie in Kapitel VI ausführlich beschrieben wurde – um eine neuere, halligspezifische Erscheinung, die schon von daher eigene Erwähnung verdient.
– *Sonstige Erwerbsquellen:*
Hier handelt es sich um Berufe, die eine höhere Qualifikation erfordern und/oder nur vereinzelt auftreten (z. B. Lehrer, Pastor, Malermeister, Kaufmann, Postbediensteter, Gemeindearbeiter etc).

Geht man nun an die Interpretation der Tabellen und Graphiken, dann lassen sich die folgenden wesentlichen Aussagen über die Einkommensstruktur treffen:

a) Die Überalterung der Halligbevölkerung drückt sich auch in der Zahl der Rentnerhaushalte aus: 39,0 % der Haushalte lebt von einer Rente oder einer sonstigen Altersversorgung als Haupteinkommensquelle (zusätzlich 1,5 % als Zusatzeinkommen). Hier ist jedoch zu beachten, daß diese Zahlen vornehmlich Ein- und Zweipersonenhaushalte repräsentieren; in absoluten Zahlen leben aber „nur" 24,3 % der Halligbewohner hauptsächlich von einer Rente.

b) Als ein beachtlicher, die Erwerbssituation stabilisierender Bereich ist Wasserbau und Küstenschutz anzusehen – fast ein Viertel aller Halligshaushalte (25,7 %) bzw. sogar über 30 % der Halligbewohner leben hauptsächlich (häufig ausschließlich) von Löhnen und Gehältern, die sich aus einem Beschäftigungsverhältnis mit dem Amt für Land- und Wasserwirtschaft in Husum ergeben.

c) Über die Hälfte aller Haushalte (50,7 %) erhält direkte Einnahmen aus dem Fremdenverkehr; allerdings finden sich Haushalte mit Haupteinkommen aus diesem Bereich fast ausschließlich auf Hooge (9 Haushalte), wo die touristische Infrastruktur als am weitesten ausgebaut gilt. Dazu kommt je ein Haushalt auf Langeneß und Oland.

d) Die Landwirtschaft hat längst ihre dominierende Rolle verloren und ist – wie Kapitel VI zeigte – weiterhin im Rückgang begriffen. 1980 bezogen nur 31 Haushalte (= 22,8 % der Haushalte) noch Einkommen aus der Landwirtschaft, bei nur 19 Haushalten (= 14,0 %) war sie die Haupterwerbsquelle und darunter waren nur 11 Haushalte (= 8,1 %), bei denen die Landwirtschaft 90 % und mehr des Haushaltseinkommens ausmachte.

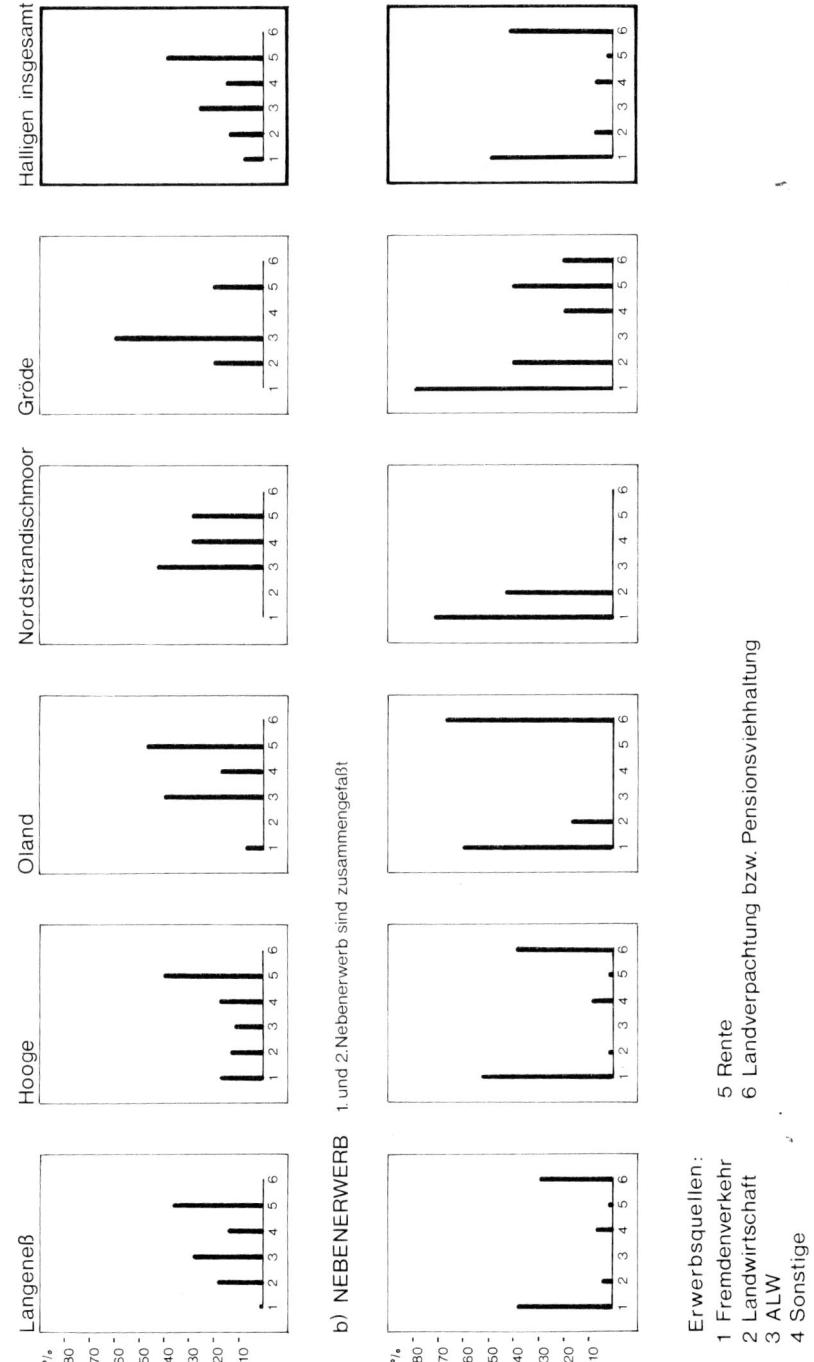

Abb. 36: Erwerbsstruktur auf den Halligen – Stand 1980

e) Neben dem Fremdenverkehr ist die Verpachtung von Land sowie die Pensionsviehhaltung die verbreitetste Nebenerwerbsquelle (vgl. hierzu auch Tab. 7). Immerhin bezieht über ein Drittel aller Haushalte (36,8 %) hieraus Einkünfte − jedoch liegt der Anteil am jeweiligen Gesamthaushaltseinkommen selten über 10 %.

f) Nur 14,7 % der Hallighaushalte erhalten ihr Haupteinkommen aus einer anderen als den aufgeführten Quellen.

Diese Übersicht macht deutlich, daß (auch wenn keine absoluten Zahlen vorliegen) die Erwerbstätigen ihre Einkommen im wesentlichen aus drei Erwerbsquellen beziehen: aus der Landwirtschaft (mit rückläufiger Tendenz), aus dem Fremdenverkehr (mit steigender Tendenz, auch als Haupterwerbsquelle) und aus einer Beschäftigung beim Amt für Land- und Wasserwirtschaft. Qualifizierte Arbeitsplätze sind selten; akademische Vorbildung verlangt nur die Tätigkeit als Lehrer oder Pastor. Vor allem besteht nicht die Möglichkeit, auf den Halligen einer anerkannten Ausbildung nachzugehen − allerdings hat ein großer Teil der männlichen Halligbevölkerung eine vollständige Berufsausbildung auf dem Festland absolviert (meist handwerkliche Berufe), woraus sich eine gewisse ,,autarke" Stellung der Halligen auf dem handwerklichen Sektor ergibt.

VIII. Die Halligen am Beginn der 80er Jahre – ein Ausblick

Es mag als ein Zeichen auch künftig zu erwartender Strukturveränderungen auf den Halligen gewertet werden, wenn bei Abschluß des Manuskripts einige der zugrunde gelegten Daten bereits wieder durch Entwicklungen auf dem Erwerbssektor überholt sind. Waren es zu früheren Zeiten vor allem die großen Sturmfluten, also Naturkatastrophen, die wirtschaftliche Not und in deren Folge tiefgreifende Strukturveränderungen auf den sich selbst überlassenen „Außenposten" auslösten, so sind es heute wohl verstärkt äußere wirtschaftliche Impulse, die den Strukturwandel auf den sturmflutsicherer gewordenen Halligen bewirken. Das wachsende Bedürfnis der Menschen, ihre Freizeit abseits des Trubels möglichst naturverbunden und ungestört zu verleben, hat auf den Halligen eine Fremdenverkehrsentwicklung ausgelöst, die auf Hooge bereits zur bestimmenden Komponente des Erwerbslebens geworden ist – die Wachstumsgrenzen zeichnen sich bereits ab!

Der Rückgang der Landwirtschaft wird sich fortsetzen – weitere Stillegungen landwirtschaftlicher Betriebe auf Hooge, Langeneß und Gröde sind bereits erfolgt und in anderen Fällen in greifbare Nähe gerückt. Entweder geschieht dies aus Altersgründen, wobei sich keine Hoferben mehr finden, oder die Landwirtschaft bietet auf dem Hintergrund der geschilderten Schwierigkeiten für jüngere Landwirte keine lohnende Perspektive mehr – sie versuchen ihr Glück im aussichtsreicheren Fremdenverkehrsgewerbe. So liegt es nicht mehr im Bereich der Spekulation, wenn man sagt, daß auf der vom Fremdenverkehr überformten Hallig Hooge künftig nur noch drei Landwirte für die so dringend notwendige Landbewirtschaftung sorgen werden. Ob ihnen dies – angesichts des Leistungsgefälles zur festländischen Landwirtschaft – aus eigener Kraft gelingt, erscheint fraglich. Die Gefahr, daß Halligländereien in Kürze brachfallen, ist durchaus realistisch.

Auf der Hallig Gröde gibt es bereits jetzt keinen landwirtschaftlichen Betrieb mehr – das letzte Stück Hornvieh hat im Herbst 1981 die Hallig verlassen, drei seinerzeit sanierte Ställe stehen leer. Ähnlich wie auf Oland und auf Habel werden die Ländereien dann praktisch extern bewirtschaftet werden müssen. Dabei wird die Beweidung mit festländischem Vieh angesichts des durch den Ringelgans-Befall ausgelösten akuten Futtermangels äußerst fraglich. Kommt es diesbezüglich nicht zu einer raschen Konfliktbewältigung, wird auch Gröde – ähnlich wie Nordstrandischmoor – wieder verstärkt zur früher üblichen Schafhaltung übergehen müssen. Dies wäre aber mit großen wirtschaftlichen Einbußen seiner Bewohner verknüpft und letztlich nur mit einer anderweitigen existenzsichernden Hauptbeschäftigung aufzufangen. Auf Nordstrandischmoor ist die Entwicklung nur deshalb als undramatisch zu bezeichnen, weil alle Haushaltsvorstände andere sichere Erwerbsquellen haben und die Bewirtschaftung der Landnutzungsflächen – ob durch Vieh- oder Schafhaltung – lediglich im Nebenerwerb betreiben.

Trotz der aufgezeigten Strukturveränderung steht Langeneß erst am Beginn eines weiteren tiefgreifenden Strukturwandels, mit dem wohl in nicht zu ferner Zukunft zu rechnen ist, spätestens jedoch dann, wenn weitere landwirtschaftliche Betriebe aus Altersgründen auslaufen werden. Außer dem bereits für die übrigen Halligen angesprochenen Problem einer Kontinuität in der Landbewirtschaftung wird sich für Langeneß dann die Frage nach einer weiteren Existenzsicherung der Halligfamilien stellen. Wie das Beispiel Hooge zeigt, ist die Zukunftsperspektive auf dem Fremdenverkehrssektor für die Halligen allgemein günstig zu beurteilen — zumal bei anhaltendem Trend zu häufigeren Kurzurlauben, für die sich die Halligen geradezu anbieten. Jedoch ist Langeneß, das ja in Konkurrenz zu schon etablierten Fremdenverkehrsgebieten treten muß, für den eher anspruchsvoller werdenden Touristen bei weitem nicht so gut gerüstet wie etwa Hooge. Hier besteht noch ein großer infrastruktureller Nachholbedarf, der ohne gezielte Entwicklungs- und Förderungsmaßnahmen kaum erreicht werden kann. Dazu wären insbesondere nicht genutzte Gebäude — dies gilt auch für andere Halligen — in künftige Überlegungen und Planungen einzubeziehen.

Stets war die Entwicklung auf den Halligen auch von einem Rückgang der Bevölkerungszahlen geprägt. Waren es früher Landverluste, die den Lebensraum der Menschen einengten und sie eines Teils ihrer Wirtschaftsgrundlage beraubten, so sind es heute im wesentlichen wirtschaftliche Zwänge — sie bedingen rationeller zu bearbeitende und größere Betriebseinheiten —, die die Zahl der Existenzmöglichkeiten auf den Halligen verringern. Folglich werden sich die Verantwortlichen bei ihren Überlegungen über die Zukunft der Halligen kaum primär davon leiten lassen können, die jetzigen Bevölkerungszahlen um jeden Preis zu halten. Angesichts der Überalterung der Halligbevölkerung stellt dies auch gar kein vorrangiges Problem dar. Vielmehr wird es für die Erhaltung „wirtschaftlich intakter Wellenbrecher" von entscheidender Bedeutung sein, den Familien, die trotz vieler Entbehrungen auf den Halligen bleiben, die wirtschaftlichen Voraussetzungen dafür sichern zu helfen. In besonderem Maße ist dies für die beiden im Wandel begriffenen Grundpfeiler der Halligwirtschaft, die in ihrer Existenz bedrohte Landwirtschaft sowie das immer stärker an deren Stelle tretende Fremdenverkehrsgewerbe vonnöten. Den bedeutungsvollsten Beitrag hinsichtlich einer stabilen Erwerbsstruktur leistet wohl der Staat damit, daß er durch die Bereitstellung von sicheren Arbeitsplätzen beim Amt für Land- und Wasserwirtschaft für etwa ein Viertel aller Familien die eigentliche Existenzgrundlage und damit die Voraussetzungen für deren Verbleib auf den Halligen liefert.

Die Konjunkturabhängigkeit des Fremdenverkehrsgewerbes ist bekannt, und es gibt keinen Grund, weshalb die Halligen im Krisenfall verschont bleiben sollten. Bei allem Nutzen, den der Tourismus den Halligen bringt — man sollte, wenn irgend möglich, die allzu einseitige Ausrichtung auf diesen Erwerbszweig vermeiden bzw. abzumildern versuchen.

Zum einen kann dies dadurch erreicht werden, daß man die übrig gebliebenen Landwirte in Konsequenz des „Ersten Halligsanierungsprogramms" gezielt unterstützt, damit die Halligländereien auch weiterhin von Einheimischen bewirtschaftet werden können. Denn eine Bewirtschaftung vom Festland aus würde im Endeffekt noch teurer werden.

Sicherlich ist die stark im Rückgang begriffene Milchwirtschaft auf den Halligen in der heute praktizierten Form nicht mehr sinnvoll, die Schafhaltung allein ist wegen vieler Negativfaktoren auch keine vertretbare Alternative. Indes wäre von Betriebswirtschaftlern zu überprüfen, inwieweit angesichts größer werdender Betriebsflächen durch Mastvieh-, Jungvieh- und/oder Ammenkuhhaltung, die anderswo durchaus erfolgreich praktiziert wird, bessere und damit wieder lohnendere Betriebsergebnisse auf den Hallig-Höfen erzielt werden könnten. Hierzu wären Modellversuche denkbar.

In welcher Form man künftig auf den Halligen auch immer Landwirtschaft betreiben wird — in jedem Fall handelt es sich dabei um eine vergleichsweise geringe Zahl an Arbeitsplätzen, die dieser Erwerbszweig künftig an sich binden wird. Aber: die Landwirtschaftung selbst ist unverzichtbar!

Die Halligen werden nur dann eine Zukunft haben, wenn auch die Bewohner sie für sich und ihre Kinder sehen. Deshalb ist es höchste Zeit, über weitere Alternativen zur jetzigen Wirtschafts- und Erwerbsstruktur nachzudenken. In so mancher Hinsicht sind die Probleme der Halligen mit denen in anderen ländlichen Gebieten etwa des oberbayerischen Alpenraumes durchaus zu vergleichen. Auch dort hat der Fremdenverkehr die unter natürlichen Standortfaktoren leidende Landwirtschaft hinsichtlich ihrer wirtschaftlichen Bedeutung längst auf den zweiten oder gar dritten Platz verdrängt. Da aber aus landschaftspflegerischen Gründen auf eine Beweidung der erosionsgefährdeten Almflächen nicht verzichtet werden kann, setzt sich der Staat für die Erhaltung der Almbewirtschaftung ein, u. a. auch deswegen, weil hierin eine wichtige Ergänzungsfunktion für das Fremdenverkehrsgewerbe gesehen wird. Es gibt allerdings auch noch einen anderen wichtigen Erwerbszweig in jenen Gebieten, nämlich die Heimkunst, die mit dem Fremdenverkehr einen bedeutsamen Aufschwung genommen hat. Warum gibt es etwas Vergleichbares bisher noch nicht auf den Halligen — eine landschafts- bzw. bodengebundene Handwerkskunst, für deren Produkte auch die Scharen der Tagestouristen Interesse haben könnten? Wäre es nicht überlegenswert, ob durch staatliche oder private Initiative in dieser Richtung eine Modellstudie in Gang gesetzt werden könnte, mit der gegebenenfalls einige interessante Erfahrungen gesammelt und alternative erwerbsstrukturelle Zukunftsperspektiven gewiesen werden können — zumal bei sich einstellendem Erfolg damit auch eine Beschäftigung in den langen Wintermonaten gesichert wäre? Unter Umständen könnte die früher auf allen Halligen übliche Schafhaltung u. a. wegen des neuerlich gefragten Naturprodukts Wolle in diesem Zusammenhang wieder wirtschaftlich interessant werden? Viele Gäste sind enttäuscht, daß es auf den Halligen die viel gerühmte würzige Halligbutter nicht mehr gibt. Könnte diese gegebenenfalls in Verbindung mit der Demonstration alter Herstellungsverfahren nicht auch wieder ein gefragter Verkaufsartikel werden? Über solche und weitere Möglichkeiten zur zukunftsträchtigen Existenzsicherung auf den Halligen wird man künftig ernsthafte Überlegungen anstellen müssen – will man diesen Lebensraum auch für jüngere Menschen wieder attraktiv machen!

Am Beispiel der Halligen werden die positiven, aber auch negativen Auswirkungen staatlicher Förderungen, Subventionen und Entwicklungsmaßnahmen in benachteiligten und bedrohten Gebieten modellhaft sichtbar. Die für die Existenzsicherung bisher aufgewendeten öffentlichen Mittel erfahren – trotz einiger unplanmäßiger struktureller Veränderungen – ihre größte Rechtfertigung wohl dadurch, daß die Halligen weiterhin bewirtschaftet werden und damit den interessierten Menschen, den Erholungssuchenden sowie den Naturfreunden zugänglich geblieben, bzw. es erst geworden sind. Sie besuchen die Halligen wegen ihrer Einmaligkeit, die das eigentliche Kapital der im Kampf gegen die Sturmfluten so wichtigen ,,Wellenbrecher'' ist. Den besonderen Charakter dieser Natur- und Kulturlandschaft zu erhalten, muß vorrangiges Ziel einer Gesellschaft sein, die die Küstenschutzfunktion der ,,Uthlande'' für unabdingbar erachtet und folglich auch für die Existenz der dort lebenden Menschen Verantwortung trägt.

Anhang

Tab. 1: Übersicht Halligen – Stand 1979

Hallig	Fläche (ha) Katasterfläche 1874	1976	Einwohner 1826	1979	Zentrale Wasserversorgung seit	Stromversorgung seit	Anz. d. Überflutungen je Jahr i. M. 1961/70*	Eigentümer (seit)	Entwässerungssiele	Küstenlänge (km)	Deiche (km)	Deckwerke (km)	Warften bewohnt	unbew.
Langeneß	1179	984		132	1964	1954	bis 8	Verschiedene	5	20,690	17,564	20,219	18	1
Oland	139	117	96	35	1964	1954	bis 6	Verschiedene	3	4,944	4,944	3,168	1	
Gröde	235	230	55	12	1976	1976	bis 20	Verschiedene	1	5,970	5,970	3,664	2	
Habel		3,5					bis 31	Land (1905)		1,543		1,543	1	
Hamburger Hallig	59	110	6	6	1968	Generator	bis 15	Land (1878)		4,420		2,363		
Hooge	678	577	401	141	1968	1960	bis 3	Verschiedene	3	11,064	6,790	11,064	9	1
Nordstrandisch-moor	238	179		22	1975	1975	bis 22	Verschiedene	1	6,120		4,990	4	1
Norderoog	22	11	3				bis 37	Verein Jordsand		1,830		0,274		
Süderoog	204	62	11	(3)		Generator	bis 22	Land (1971)		3,055		2,000	1	
Südfall	210	56	12	(3)			bis 28	Land (1954)		2,976		2,011	1	

( ) = nur im Sommerhalbjahr
* nur vollständige Überflutungen

Tab. 2: Schäden nach der Sturmflut von 1825

TABELLARISCHE NACHRI

des durch die Sturmflut vom 3. Februar 1825 verursachten Sch

Aufgenommen auf Angabe und Calcül der

Gemeine	Menschenverlust (ertrunken)	Familien, die weggezogen sind	Stärke der weggezogenen Familien. Personen.	Hingezogen nach	Nachgebliebene Familien			Davon sind mit Lebensmitteln zu versorgen	Von den mit Lebensmitteln zu versorgenden Personen müssen vielleicht die Gemeinen räumen wegen Mangel an Obdach	Ganz verschwundene Häuser	Ganz verschwundene Häuser und solche, die nicht bewohnbar sind	Nachge und bew Häuser, auch m wen beschäd
					Zahl	Erwachsene	Kinder					
Hooge	25	19	53	Wyck	67	209	104	66	25 Pers.	23	75	
Nordmarsch	13	47	94	—	12	22	5	19	12 Pers.	29	58	
Langeneß mit Butwehl	12	22	59	—	32	83	33	33	27 Pers.	15	55	
Oland	2	3	11	—	31	70	26	50	6 Pers.	5	30	
Gröde	10	3	14	Ockholm	19	46	20	31	17 Pers.	2	14	
Südfall zum neuen Kirchspiel auf Pellworm gehörend	12	—	—	—	keine	keine	—	—	—	5	—	ke
Norderoog	—	1	3	Hooge	keine	keine	—	—	—	—	1	
Süderoog	—	keine	—	—	1	8	3	—	—	—	—	
	74	95	234	—	162	438	191	199	87	79	233	
Pellworm	—	keine	—	—	Sämtliche Einwohner			—	—	—	—	

Extrahirt Königl. Landvogt

148

Zustandes der Landschaft Pellworm mit den dazugehörigen Halligen

rschaft der Halligen den 19. Februar 1825.

	Verlust an				Schaden an den Warfstellen	Kirchen- und Pastorat-Gebäude				Totalschaden	Bemerkungen
	Mobilien	Vieh	Futter	Feuerung		Zerstört oder beschädigt	Schaden an		Zusammen		
							den Gebäuden	den Warfstellen			
	m	m	m	m	m		m	m	m	m	
O	78 000	3300 / 50 Kühe / 140 Schafe	4 000	3 000	11 000	Stark beschädigt	1 500	200	1 700	173 000	
O	55 000	3400 / 45 Kühe / 200 Schafe	3 000	2 000	9 000	Zerstört	1 400	500	1 900	134 300	
O	76 000	6600 / 70 Kühe / 450 Schafe	4 000	3 000	13 000	Zerstört	1 300	500	1 800	166 400	
O	40 000	1300 / 12 Kühe / 82 Schafe	500	500	4 000	Pastorathaus und Küsterhaus verschwunden, die Kirche steht auf einem Warfe zwischen anderen Häusern und ist stark beschädigt	—	—	1 900	69 200	Von den erwähnten 25 Häusern, die zerstört sind, sind einige zur Not bewohnbar
O	7 000	2700 / 7 Kühe / 300 Schafe	1 500	800	6 000	Zerstört	1 200	500	1 700	26 700	
O	1 000	2000 / 260 Schafe	140	—	3 000	—	—	—	—	8 540	Alle Einwohner sind ums Leben gekommen
O	400	300 / 2 Kühe / 30 Schafe	100	—	300	—	—	—	—	1 900	
	—	100 / 13 Schafe	—	—	600	—	—	—	—	700	
O	257 400	19 700	13 240	9 300	46 900	—	5 400	1 700	9 000	580 740	Außerdem haben die Deichbrüche dem Distrikt in Hinsicht des Ackerbaues sowohl wie in Absicht auf das Deichwesen einen unersetzlichen Schaden verursacht.
	—	Kann noch nicht angegeben werden	—	—	—	—	—	—	—		

orm den 22. Februar 1825.   In fidem Klinker.

Tab. 3: Der Rückgang der Viehhaltung auf den Halligen Gröde, Hooge und Langeneß in den Jahren 1974—79

| | | Rindviehhalter | | Rindvieh | | |
		insgesamt	davon Milchvieh-halter	insgesamt absolut	%	davon unter 2 Jahren
Gröde	1974	3	3	53	100,0	29
	1975	3	3	54	101,9	30
	1976	3	3	54	101,9	35
	1977	3	3	53	100,0	31
	1978	3	3	49	92,5	27
	1979	3	3	39	73,6	26
Hooge	1974	21	18	521	100,0	267
	1975	17	13	394	75,6	288
	1976	14	12	347	66,6	236
	1977	12	9	327	62,8	233
	1978	9	8	267	51,2	183
	1979	9	8	254	48,8	172
Langeneß mit Oland	1974	26	26	733	100,0	442
	1975	25	24	679	92,6	424
	1976	22	22	708	96,6	469
	1977	19	18	677	92,4	446
	1978	18	15	674	92,0	434
	1979	17	15	656	89,5	424

Tab. 4: Bewirtschaftung der Landnutzungsflächen (in %) — Stand 1981

| | Bewirtschaftung durch Landwirte* (ganzjährige Viehhaltung) | | | Bewirtschaftung durch Nicht-Land-wirte (in der Regel mit Pensionsvieh) | Landnutzungs-fläche |
	Eigenland	Zupachtung	Gesamt		gesamt
Hooge	23,8	42,5	66,3	33,7	499 ha = 100 %
Langeneß	31,3	45,0	76,3	23,7	831 ha = 100 %
Oland	24,5	—	24,5	75,5	102 ha = 100 %
Gröde	22,1	6,3	28,4	71,6	190 ha = 100 %
Nordstrand.-moor	85,5	14,5	100,0	—	152 ha = 100 %
Gesamt	574 ha = 32,4 %	620 ha = 34,9 %	1194 ha = 67,3 %	580 ha = 32,7 %	1774 ha = 100 %

* einschließlich der Landnutzungsflächen, auf denen Landwirte Pensionsvieh halten.

Tab. 5: Herkunft der Gäste auf Hooge und Langeneß 1970 und 1980 (in %)

	HOOGE		LANGENESS	
	1970	1980	1970	1980
Schleswig-Holstein	21	19	18	19
Hamburg	20	12	11	12
Niedersachsen	9	16	10	16
Bremen	1	2	2	2
Berlin	5	5	15	6
Nordrhein-Westfalen	22	23	25	22
Hessen	5	6	6	6
Rheinland-Pfalz	2	1	1	1
Saarland	–	1	–	1
Baden-Württemberg	7	7	6	6
Bayern	1	6	3	8
Ausland	7	2	3	1

Tab. 6: Besuchergruppen der Schutzstation Wattenmeer auf Hooge und Langeneß
– Januar bis September 1981 (je 20 Personen)

Bundesland	Hooge	Langeneß	Gesamt
Schleswig-Holstein	5	8	13
Hamburg	5	7	12
Niedersachsen	5	4	9
Bremen	3	–	3
Nordrhein-Westfalen	4	6	10
Rheinland-Pfalz	–	1	1
Hessen	2	5	7
Baden-Württemberg	1	3	4
Bayern	1	1	2
Berlin	1	–	1
Gesamt	27	35	62

Tab. 7: Erwerbsstruktur der Haushalte auf den ganzjährig bewohnten Halligen [1]
– Stand 1980

	Erwerbsquellen[2]	Haupt-erwerb	1. Neben-erwerb	2. Neben-erwerb
Langeneß	ALW	16	–	–
	Rente	21	1	–
	Landwirtschaft	11	3	–
	V+P [4]	–	15	2
	Fremdenverkehr	1	15	7
	Sonstige	8	3	1
Hooge	ALW	6	–	–
	Rente	22	1	–
	Landwirtschaft	7	1	–
	V+P	–	11	9
	Fremdenverkehr	9	26	1
	Sonstige	9	2	3
Oland	ALW	6	–	–
	Rente	7	–	–
	Landwirtschaft	–	2	–
	V+P	–	7	3
	Fremdenverkehr	1	5	4
	Sonstige	2	–	–
Gröde	ALW	3	–	–
	Rente	1	2	–
	Landwirtschaft	1	2	–
	V+P	–	1	–
	Fremdenverkehr	–	2	2
	Sonstige	–	–	1
Nordstrandischmoor	ALW	3	–	–
	Rente	2	–	–
	Landwirtschaft	–	2	1
	V+P	–	–	–
	Fremdenverkehr	–	3	2
	Sonstige	2	–	–
Süderoog	ALW	1	–	–
	Rente	–	–	–
	Landwirtschaft	–	1	–
	V+P	–	–	–
	Fremdenverkehr	–	–	1
	Sonstige	–	–	–

[1] Angegeben ist jeweils die Anzahl der Haushalte
[2] Erläuterung im Text
[3] Amt für Land- und Wasserwirtschaft, Husum
[4] Landverpachtung bzw. Pensionsviehhaltung

Literaturverzeichnis

* *Bantelmann, Albert:* Die Landschaftsentwicklung an der Schleswig-Holsteinischen Westküste, Neumünster 1967.
Becker, Frido: Daheim auf Inseln und Halligen, Flensburg 1969.
Bielfeldt, Claus: Charakter und Nutzen des Landeskulturwerks Programm Nord, Kiel 1957.
Borzikowsky, Reinhold: Der Aufbau der Halligen, in: 20 Beiträge auf Gemeinschaftskurs im Programm Nord, Kiel 1965.
* *Borzikowsky, Reinhold:* Probleme der Halligen im Kreise Husum, in: Heimatkalender zwischen Eider und Wiedau, 1960.
Busch, Andreas: Die heutige Hallig Südfall und die letzten Spuren Rungholts, in: Die Heimat, Neumünster 1957.
Degn, Christian / Muuß, Uwe: Luftbild-Atlas Schleswig-Holstein, Teil 1 und 2, Neumünster 1965 und 1975.
Fiedler, Walter: Halligfahrt, Flensburg 1963.
* *Fischer, Otto:* Landgewinnung und Landerhaltung in Schleswig-Holstein, Band 1, Sonderprobleme des Küstenraumes, Berlin 1955.
Fröbe, August: Das Programm Nord, Bilanz 1953/1967, Niebüll 1968.
Hansen, C. P.: Das Schleswigsche Wattenmeer, Wiesbaden 1972 (unveränderter Neudruck der Ausgabe von 1865).
Hansen, Dinsen F.: Nordfriesland − Land der Deiche, Esbjerg 1979.
Hansen & Hansen (Hrsg.): Das nordfriesische Halligmeer, Münsterdorf 1976.
Hingst, Klaus/ Muuß, Uwe: Landschaftswandel in Schleswig-Holstein, Neumünster 1978.
Karff, Fritz: Segelfahrt durch die Welt der Halligen, Rendsburg 1954.
* *Koehn, Henry:* Die nordfriesischen Inseln, Hamburg 1961.
Landesvermessungsamt Schleswig-Holstein (Hrsg.): Topographischer Atlas Schleswig-Holstein, Neumünster 1963.
Lorenzen, Jens: Die Hallig Nordmarsch − Langeneß in alten Bildern, Hamburg 1980.
* *Möller, Theodor:* Die Welt der Halligen, Kiel 1924.
Müller, Friedrich: Das Wasserwesen an der Schleswig-Holsteinischen Nordseeküste, 1. Teil: Die Halligen, Band 1 und 2, Berlin 1917.
* *Münzing, Joachim:* Die Jagd auf den Wal, Heide 1978.
* *Muuß, Uwe / Petersen, Marcus:* Die Küsten Schleswig-Holsteins, Neumünster 1971.
Paulsen, Ingwer: Die Welt der Halligen, Neumünster 1926.
Petersen, Marcus: Über die Erhaltung und Pflege der Fethinge auf den Halligen, in: Heimatkalender zwischen Eider und Wiedau, 1966.
Petersen, Marcus: Die Halligen, Neumünster 1981.
Petersen, Marcus/Rohde, Hans: Sturmflut, Neumünster 1979.
Programm Nord GmbH (Hrsg.): Jahresberichte 1955−1979, Kiel.
* *Quedens, Georg:* Die Halligen, Breklum 1978.
v. Reinersdorff, Arnd: Die Halligen werden erhalten, in: Schleswig-Holstein 77 − Klaar Kiming, Göttingen 1977.
v. Reinersdorff, Arnd: Planmäßige Halligsanierung im Rahmen des Programm Nord, in: Natur und Landschaft, Mainz 1969.
v. Reinersdorff, Arnd: Die Halligen: Ihre Gesamterschließung im Programm Nord.
Renger-Patzsch, A.: Die Halligen, Berlin 1927.
Riediger, Hans: Die Halligen und ihre Bewohner, Frankfurt 1965.
Schiller, H. Th.: Kleines Halligbuch, Breklum 1959.

* *Schirrmacher, Günter:* Hallig Hooge, Breklum 1979.
Schmid, Ernst: Die Halliginseln, Bremen 1923.
Sönnichsen, Uwe / Staritz, Hans-Werner: Trutz, blanke Hans, Husum 1978.
Stadelmann, Robert: Meer – Deiche – Land, Neumünster 1981.
* *Träger, Eugen:* Die Halligen, in: Schleswig-Holstein – meerumschlungen in Wort und Bild, Kiel 1896.
Voigt, Theodor: Die zehn Halligen in Wort und Bild, Kollmar 1970.
Weigand, Karl: Programm Nord – Wandel der Landschaft in Schleswig-Holstein, Kiel 1970.
Weigand, Karl / Riecken, Guntram: Strukturwandel der nordfriesischen Halligen mit besonderer Berücksichtigung der Hallig Hooge, in: Schleswig-Holstein 77, Klaar Kiming, Göttingen 1977.
* *Wohlenberg, Erich:* Die Halligen Nordfrieslands, Heide 1978.
Wohlenberg, Erich: Die Trinkwasserversorgung der Halligen nach der Sturmflut im Februar 1962, in: Die Küste 1962, H. 2.

Gutachten, Strukturanalysen sowie amtliche Pläne, Berichte und Unterlagen

Amt für Land- und Wasserwirtschaft, Husum: Dorferneuerungsplan v. 26. 6. 78.
Bericht des Kreises Husum über dringende Maßnahmen zur Förderung der Wirtschaftskraft auf den Halligen, Husum 1959.
Hadenfeldt, Hans Peter: Gutachten über die Möglichkeiten zur Verbesserung der landwirtschaftlichen Verhältnisse auf den Halligen. Erstellt im Auftrage des Kreises Husum, 1960.
Kreis Nordfriesland, Abtl. Kreisentwicklung: Gutachterliche Stellungnahme zur derzeitigen wirtschaftlichen Situation auf den Inseln und Halligen der Uthlande. (Unveröffentl. Manuskript), Husum 1973.
Kreis Nordfriesland, Baudezernat: 2. Halligsanierungsprogramm des Kreises Nordfriesland, Husum 1976.
Küstenausschuß Nord- und Ostsee, Arbeitsgruppe Küstenschutz: Gutachterliche Stellungnahme vom 1. 4. 1956, „Zur Anpassung der Warften auf den Nordfriesischen Halligen an die heute möglichen Sturmfluthöhen", In: Die Küste 1957, H. 1, S. 125–127.
Landwirtschaftskammer Schleswig-Holstein, Agragstrukturelle Vorplanung für die Halligen Hooge und Langeneß, Kreis Nordfriesland, – Strukturanalyse – Kiel 1973.
Landwirtschaftsschule und Wirtschaftsberatungsstelle: Gutachten über die tragbare Belastung bei Bauvorhaben im Rahmen der Halligsanierung, Bredstedt 1960.
Minister für Ernährung, Landwirtschaft und Forsten des Landes Schleswig-Holstein: Über den Stand der Vorarbeiten für einen Halligplan (Unveröffentl. Bericht), Kiel 1958.
Minister für Ernährung, Landwirtschaft und Forsten des Landes Schleswig-Holstein: Über die derzeitigen Verhältnisse auf den nordfriesischen Halligen und Vorschläge für eine wirtschaftliche Neuordnung (Unveröffentl. Manuskript), 1959.
Rahmenplan Tourismus Hallig Hooge. Entwickelt von Uwe Dulz, Hooge 1974.
Sonderbericht des Marschenbauamtes Husum über die Wasserversorgung der Hallig Hooge = Anlage 22 zum Programm Nord-Jahresbericht 1968.
Weigand, Karl: Sozialgeographische Analyse der Hallig Hooge (Unveröffentl. Manuskript), Flensburg 1971.
Weigand, Karl: Sozialgeographische Analyse der Hallig Langeneß (Unveröffentl. Manuskript), Flensburg 1972.

Abbildungen

Tabellen

Tabellen im Anhang

Quellenhinweise

Mit Ausnahme der nachfolgend aufgeführten Abbildungen bzw. Tabellen basieren alle übrigen ausschließlich auf Erhebungen des Verfassers.

1. Abbildungen

Abb. 1, S. 14/15 − *Landesvermessungsamt Schleswig-Holstein, Kiel.* Vervielfältigt mit Genehmigung vom 21. 4.823 - 562 · 6 S 152/82

Abb. 2, S. 17 − aus: *Muuß/Petersen* Die Küsten Schleswig-Holstein, S. 8/9.

Abb. 4, S. 20 − aus: *Müller, F.* Die Halligen, Bd. 1, S. 345.

Abb. 5, S. 28 und Abb. 7, S. 42 − aus: *Bantelmann, A.* Die Landschaftsentwicklung an der Schleswig-Holsteinischen Westküste, S. 72 bzw. S. 84.

Abb. 10 auf S. 86, Abb. 33 auf S. 133, Abb. 34 auf S. 135 − nach Unterlagen des Statistischen Landesamtes, Kiel.

Abb. 11 u. 12, S. 87 − nach Unterlagen der Adelbyer Meierei, Flensburg.

Abb. 19, S. 103 − nach Angaben der Hallig-Gemeinden / eigene Erhebungen.

Abb. 30, S. 121 − Meldezettel der Gemeinden.

Abb. 31, S. 128 − nach Angaben der Gemeinden.

Abb. 32, S. 131 − aus: Die Heimat, 1980, S. 32 *(Gieseler, Hänsch, Kornagel).*

Abb. 35, S. 136 − für Nordfriesland: Statistisches Landesamt, Kiel, für die Halligen: eigene Erhebungen.

2. Tabellen

Tab. 1, S. 21; Tab. 2 im Angang, S. 148/149 − aus: *Müller, F.* Die Halligen, Bd. 1 S. 320 bzw. 264/265.

Tab. 2, S. 51 − aus: Die Küste 1957, H. 1, S. 132.

Tab. 3, S. 63 − nach Unterlagen der ,,Programm Nord GmbH''.

Tab. 4, S. 65; Tab. 6, S. 88; Tab. 1 im Anhang, S. 147 − nach Unterlagen des ALW, Husum.

Tab. 7, S. 92; Tab. 4 im Anhang, S. 150 − nach Unterlagen des ALW, Husum / eigene Erhebungen.

Tab. 9, S. 96 − nach Unterlagen des ALW, Husum / nach Angaben der Hallig-Gemeinden / eigene Erhebungen.

Tab. 12, S. 115 − nach Angaben der Gemeinden Hooge u. Langeneß u. des Nordseebäderverbandes Schleswig-Holstein e. V.

Tab. 13, 14, 15 auf S. 120; Tab. 5, S. 151 − Angaben für 1970: Weigand / Angaben für 1980: Meldezettel der Gemeinden.

Tab. 16, 17, 18 auf S. 124/125 − nach Angaben der WDR, Wyk.

Tab. 20, S. 138; Tab. 3 im Anhang, S. 150 − nach Unterlagen des Statistischen Landesamtes Kiel.

Tab. 6, S. 151 − nach Angaben der Schutzstation Wattenmeer, Geschäftsstelle Rendsburg.

3. Anmerkungen

[1] Dieses sowie das nachfolgende Kapitel sind auf der Grundlage der im Verzeichnis mit * gekennzeichneten Literaturangaben abgefaßt worden.

[2] Die in diesem Kapitel enthaltenen Ausführungen sind in Anlehnung an Friedrich Müller ,,Die Halligen'', Band I, erfolgt; die Seitenzahl der Zitate ist in Klammern vermerkt.

Bildverzeichnis

Amt für Land- und Wasserwirtschaft, Husum: S. 46 oben, 72, 73 oben, 74 unten, 77.
Aufklärungsgeschwader 52, Leck: S. 12 – Freigabe-Nr. SH 96–3663.
Burda Verlag, Redaktion München: S. 113 – Freigabe-Nr. SH 509/2.
Christiansen, B., Oland: S. 76.
Cramer, U., Kiel: Titelphoto – Freigabe-Nr. SH 96-4644.
    S. 48 oben – Freigabe-Nr. SH 96–4645.
Fiedler, W., Bredstedt: S. 30, 32, 58 oben, 102.
Heyde, D., Hooge: S. 48 unten.
Hieck, G. Hooge: S. 107 oben, 122.
Jaeger, E., Langeneß: S. 11 unten, 41 unten.
Koch, H.: S. 24.
Kruschel, R., Lübeck: S. 108 unten.
Kuppe, H., Nordstrandischmoor: S. 68, 94, 134.
Landesbildstelle Rheinland-Pfalz: S. 90 – Freigabe-Nr. 6422–4 durch Bezirksregierung Rheinland-Pfalz.
Landesmuseum Schleswig, Lühning: S. 44.
Praeger, G., Langeneß: S. 22 oben, 64, 80 oben.
Priebs, A., Kiel: S. 74 oben, 98, 99, 126.
Programm Nord GmbH, Kiel: S. 53
v. Reinersdorff, Kiel: S. 22 unten, 56, 57, 58 unten, 60, 63
Renger-Patzsch: S. 25, 34.
    aus: *Die Halligen*, Berlin 1927 (S. 57/102).
Riecken, G., Weseby: S. 41 oben, 45, 46, 73 unten, 80 unten, 84, 89, 107 unten, 108 oben, 118, 137.
Sandelmann, H., Niebüll: S. 11.
Schleswag, Rendsburg: S. 69.
Siefert, O., Nordstrandischmoor (Sammlung): S. 26, 62.
Wasserbeschaffungsverband Nord, Frörup: S. 70.

Inhaltsverzeichnis

159